글 | 국립과천과학관 정원영

지구를 사랑하는 환경교육 연구자로서 책임감 있는 미래 시민을 키워내는 사명을 가지고 있습니다. 서울대학교에서 지구과학교육을 전공하고, 환경교육으로 석사, 박사 학위를 받은 뒤 현재 국립과천과학관에서 환경연구사로 일하고 있습니다. 전시, 교육 등 다양한 매체를 통해 사람과 과학을 연결시키며, 많은 사람들이 미래를 꿈꿀 수 있는 과학관을 만들기 위해 노력하고 있습니다. 바다, 하늘, 땅, 우주, 생태 등 환경과 지구과학의 다양한 주제를 바탕으로 창의적인 기획자이자 스토리메이커로서의 길을 걸어 나가고자 합니다.

그림 | 김정진

세상 곳곳의 이야기에 그림 그리는 일을 사랑합니다. 경기대학교에서 서양화를 전공하고, 같은 학교 대학원을 졸업했습니다. 한국출판미술대전에 여러 차례 입상했고, 한국어린이그림책협회 회원으로 활동하고 있습니다. 그린 책으로는 『니체의 짜라투스트라는 이렇게 말했다』 『파랑머리 할머니』 『데미안』 『우리 동네 별별 가족』 외 다수가 있습니다.

사이다 시리즈는

과학을 뜻하는 '사이언스(Science)'와 모두를 뜻하는 '다'를 합친 말입니다. '과학의 모든 것', '톡 쏘는 사이다처럼 톡톡 튀는'이라는 뜻을 담고 있죠. 강하게 발음하면 '싸이다'가 되는데, '과학적 지식이 점점 쌓인다.'라는 의미도 있습니다. 이 모든 의미 위에 과학과 독자 '사이'를 잇고자 하는 마음을 듬뿍 담았습니다.

펴내는 글

20세기에 가장 중요한 능력은 문해력, 즉 글자를 읽는 능력이었습니다. 읽을 줄 알아야 자신의 이익을 지키면서 교양을 갖춘 문화인으로 살 수 있었기 때문이죠. 21세기인 지금은 과학을 이해하며 즐길 수 있는 문해력이 더해져야 합니다. 과학 문해력은 단순히 현상과 공식을 보는 행위가 아니라 사실을 오해 없이 받아들이고 실제로 이해하는 능력입니다.

많은 사람들이 과학은 어렵다고 말합니다. 정말입니다. 과학은 어렵습니다. 그런데 과학만 어려운 것은 아닙니다. 역사도 어렵고 예술도 어렵고 경제, 철학, 지리, 문학 모두 어렵습니다. 그런데 왜 과학만 유독 어렵다고 느낄까요?

언어가 다르기 때문입니다. 다른 분야는 우리가 평소에 사용하는 자연어로 쓰여 있어 아무리 어려워도 읽을 수 있습니다. 하지만 과학은 수학이라는 비자연어를 사용합니다. 언어가 달라서 유독 어렵게 느껴지는 것이죠.

모든 사람이 과학자가 될 수도 없고 그럴 필요도 없습니다. 하지만 과학 문해력은 21세기의 핵심 능력입니다. 그 능력을 키워 줄 사이언스 커뮤니케이터가 직업인 과학자들이 모여 있는 곳이 있습니다. 바로 과학관입니다. 과학관의 과학자들은 전시와 교육을 통해서 과학 문해력을 높이는 일을 합니다.

이를 위해 국립과천과학관의 과학자들이 새로운 시도를 하였습니다. 어린이들의 과학 문해력을 높이는 글을 써서 공개한 것입니다. 어린이들이 궁금해하고 알아야 할 과학 지식을 재미있는 동화와 이야기 형식으로 풀어냈습니다. 여기에 상상아카데미가 글을 엮고 그림을 더하여 어린이들을 위한 과학 도서 '사이다' 시리즈를 만들었습니다.

'사이다'는 과학을 뜻하는 '사이언스(Science)'와 모두를 뜻하는 '다'를 합친 말로, '과학의 모든 것', '톡 쏘는 사이다처럼 톡톡 튀는'이라는 뜻을 담고 있습니다. '사이다' 시리즈에서 과학의 모든 것을 만나 보세요. 톡톡 튀는 사이다처럼 시원하게 즐기는 동안 과학 지식이 차곡차곡 쌓이고 과학 문해력이 껑충 뛰어오르는 경험을 하게 될 것입니다.

과학은 이제 문화입니다. 과학 문해력이 높아질수록 우리 어린이들이 살아갈 사회도 더 합리적으로 작동하게 될 것입니다. '사이다' 시리즈로 명랑 사회를 구현합시다.

2021.10.
이정모(국립과천과학관장)

차례

펴내는 글   4
등장인물   8

1. 세아의 바다 여행, 그 시작

들켜버리고 만 비밀   12
인간 세상으로 갈 거야   16
다섯 가지 바다 보물을 찾아라   18
첫 여행지는 어디?   20
세아의 바다 여행 준비   22

2. 바다 보물을 찾으러 출발!

느릿느릿 귀여운 새 친구   26
바다 왕국이 사라진다고?   31
이상한 바위의 정체   36
첫 번째 보물은 바로…   40
세아의 첫 번째 보물 편지   스트로마톨라이트   44

3. 새로운 세상으로

마법에 걸려 버렸어   48
여긴 어디지?   51
동굴 속으로   57
상어 목구멍 대탈출!   63
세아의 두 번째 보물 편지   상어 이빨   70

4 삐리삐리, 삐리삐리

삐리삐리, 만나서 반가워	74
가재는 인어보다 똑똑하다!	79
잔소리쟁이 돌고래	87
앗, 뜨거워!	93
탐이가 준 선물	98
세아의 세 번째 보물 편지 열수 광상	102

5 러버덕은 바닷물을 타고

잠시 찾은 여유	106
수다쟁이 러버덕	111
보물섬에서 만난 거북 할아버지	120
어느 인어의 이야기	127
세아의 네 번째 보물 편지 인어의 편지	130

6 S. E. A.

퍼시 삼촌의 해초 주스	134
드넓은 바다로 Go, Go!	140
호호호호, 호호호호	144
마지막 보물은?	148
세아의 마지막 보물 편지 소금	150
드디어 열쇠를 내 손에!	152
S. E. A.	154

등장인물

세아

바다 왕국의 공주. 곧 열한 살 생일을 앞두고 있다. 어른이 되면 인간 세상에서 살고 싶은 꿈이 있다. 아빠 몰래 인간 세상에 다녀오곤 했는데, 얼마 못 가 아빠에게 들키고 만다. 그 벌로 다섯 가지 바다 보물을 찾는 바다 여행을 떠나게 된다.

통이

세아의 단짝 친구. 바다 왕국 최고의 보디가드가 되는 게 꿈이다. 친구로서 인간 세상에서 살고 싶어 하는 세아의 꿈을 응원한다. 인간 세상에 가는 열쇠를 훔친 죄로 세아와 함께 바다 보물을 찾아 나선다.

세아의 바다 여행, 그 시작

들켜버리고 만 비밀

"죄송해요, 아빠. 인간 세상을 살짝 구경하고 오느라!"

"전하, 세아 공주께서는 아무 잘못이 없습니다. 열쇠를 가지고 나온 것도, 인간 세상에 가자고 한 것도 모두… 제 잘못입니다."

통이도 참! 바다 왕국의 법을 어기고 인간 세상에 몰래 다녀온 것은 잘못이지만, 저렇게까지 빌어야 하나?

"통이는 아무 잘못이 없어요. 제가 부탁해서 한 일이니…….."

아빠한테 한 번쯤은 당당하게 내 생각을 말하고 싶었어. 많이 떨렸지만 눈을 꾹 감고 말했지.

바다 왕국에 사는 인어들은 열한 살 생일이 되면 인간 세상으로 통하는 문의 열쇠를 받아. 큰언니와 작은언니도 열한 살 생일에 열쇠를 받았어.

나는 아홉 살 때부터 언니들을 따라 몰래 인간 세상을 다니기 시작했어. 그러니 열한 살 생일을 코앞에 두고 인간 세상에 다녀온 게 뭐 그리 큰 잘못이야, 안 그래?

아빠가 크게 화내실 줄 알았는데, 오히려 차분하게 말씀하셨어. 그게 더 무서웠지만 말이야.

"솔직하게 말해 주어 고맙구나, 세아야. 사실 그동안 네가 인간 세상에 몰래 다녀온 걸 알고 있었단다."

"다 알고 계셨다고요? 그럼 저희를 용서해 주는 건가요?"

다시는 그러지 않겠다고 약속드릴 테니 제발…….

"어험. 그럴 수 있다면 좋겠지만, 바다 왕국의 법을 어겼으니 합당한 처벌을 받아야지. 바다 왕국의 여왕이 될 네가 왕국의 법을 지키지 않는다면, 바다 왕국을 어떻게 다스릴 수 있겠니? 그렇지 않나, 통?"

"그럼요. 전하의 말씀이 백 번, 천 번 다 맞습니다. 법을 어겼으면 벌을 받아야죠."

통이는 고개를 위아래로 열심히 끄덕이며 몸을 부들부들 떨었어. 통이는 정말 못 말려. 저렇게 소심해서 어디 바다 왕국 최고의 보디가드가 될 수 있겠어? 홍!

"합당한 처벌이라뇨? 그리고 뭐라고요, 제가 바다 왕국의 여왕이 된다고요?

인간 세상으로 갈 거야

 바다 왕국의 인어들은 성인이 되면 인간 세상에서 영원히 살 수 있는 선택권을 받아. 기회는 딱 한 번뿐이지.
 큰언니와 작은언니는 모두 인간 세상을 선택했어. 큰언니는 헤엄을 잘 쳐서 수영 선수로 활동하고 있지. 올림픽 금메달까지 땄으니 정말 대단해!
 작은언니는 해산물 요리 식당을 차렸어. 작은언니의 음식 솜씨는 바다 왕국 인어들이 모두 인정할 정도로 뛰어나거든. 인간 세상에 갈 때마다 퉁이와 나는 작은언니네 식당에 들러 여러 해산물 요리를 맛보지.

나도 언니들처럼 인간 세상에서 사는 게 꿈이야. 아직 구체적으로 무얼 할지는 모르지만, 나중에 인간 세상에 정착해 살아야 하니까 미리 다녀왔을 뿐이야.

바다 왕국의 법을 어긴 것은 잘못이지만, 내 꿈을 위해서는 어쩔 수 없었다고! 그런데 아빠가 나더러 바다 왕국의 여왕이 될 거라고 하셨으니 내가 얼마나 놀랐을지 상상할 수 있지?

"아빠, 너무해요. 제 인생을 아빠 마음대로 결정할 수는 없어요!"

"으흠! 바다 왕국의 법을 네 마음대로 어기는 것도 안 되는 일이란다. 특히 누구보다 모범을 보여야 할 공주인 네가 말이다!"

"그런데 전하, 세아 공주의 꿈은 인간 세상에 가서 사는……."

"흠! 뭣이라고?"

다섯 가지 바다 보물을 찾아라

"아빠한테 딱 걸렸으면서도 잘못한 기색이 없다니! 이번 열한 살 생일에 인간 세상으로 가는 문의 열쇠는 없는 줄로 알거라!"

"뭐라고요? 어떤 벌이라도 받을 테니 제발 열쇠만은!"

"전하, 제가 열쇠를 훔쳤으니 제가 벌을 받아야 하지 않겠습니까? 게다가 그 열쇠는 세아 공주의 꿈이기도……."

"바다 왕국 최고의 보디가드가 꿈이라는 자네가 할 소리

인가? 자네도 공주의 꾀에 넘어가 함께 저지른 일이니 당연히 벌을 받아야 할 것이야!"

"아빠, 제발요!"

난 왕궁 바깥출입을 한 적이 거의 없어서 바다 지리에 어두워. 오히려 인간 세상의 지리에 더 밝지! 그런 나에게 바다의 보물을 찾아오라니.

하지만 내 꿈을 포기할 수는 없어. 설령 보물을 다 찾지 못하더라도, 일단 해봐야 하지 않겠어?

"좋아요, 아빠. 그렇게 할게요."

"전하, 저도 책임이 있으니 세아 공주와 함께 떠나겠습니다. 그런데 보물이 무엇인지는 알아야……?"

"보물은 너희 스스로 찾아야 할 것이다."

첫 여행지는 어디?

"오, 통이는 역시 든든해! 그럼 남반구에 있는 오스트레일리아 바다부터 가자."

"세아야, 하나 명심할 게 있어. 인간이 살아가는 땅 위로 올라갈 생각은 절대 하지 말아야 해. 우리는 오스트레일리아 근처 바다로 가는 거야, 바다! 땅이 아니라고. 알았지?"

"당연하지. 그런데 해변에 놀러 나온 인간이 있어서 마주치면 어쩔 수 없잖아? 호호!"

"아휴. 이번 여행에서도 인간 세상을 기웃거리면 진짜로 용서받지 못할 거야. 그러면 보물이고 뭐고, 열쇠를 받는 건 영영 불가능하다고!"

"알았어. 나도 바다 보물을 모두 찾아서 당당하게 열쇠를 받아 인간 세상에 가고 싶어."

바다가 매우 거대해서 두렵기도 하지만, 든든한 친구이자 보디가드인 통이가 있으니 용기를 내겠어. 무엇보다 내 꿈이 걸린 일이니까. 잘 해낼 거야! 난 바다 왕국의 용감한 인어공주, 세아니까!

세아의 바다 여행 준비

 바다는 내가 태어나서 지금까지 줄곧 살아온 곳이야. 지구 표면의 약 3분의 2를 차지하고 있어. 육지 면적의 2배가 넘지.
 바다는 육지의 분포에 따라 5대양으로 구분하고 있어. 태평양, 대서양, 인도양, 북극해, 남극해. 그중 가장 큰 바다는 바로 태평양이야.

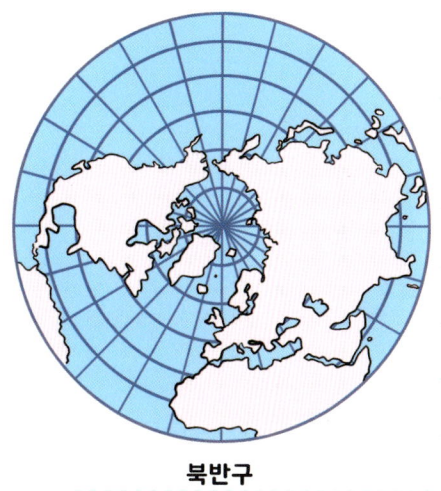

북반구

지구를 북극과 남극 중심으로 내려다본 모습이야. 북반구를 보면 바다보다 대륙이 더 많지?

그래서 북반구에는 더 많은 사람이 살고 있어. 반면에 남반구는 바다가 80 %를 차지해.

이 넓은 바다를 내 생일 전까지 여행하면서 어디에 있을지 모를 보물을 찾아야 한다니. 모두 찾아올 수 있을까?

내일부터 시작될 여행이 걱정되면서도 여행에 대한 설렘과 기대가 가득해.

이번 여행을 잘 마치면, 이제 저 지도에 있는 땅 위를 자유롭게 다닐 수 있겠지?

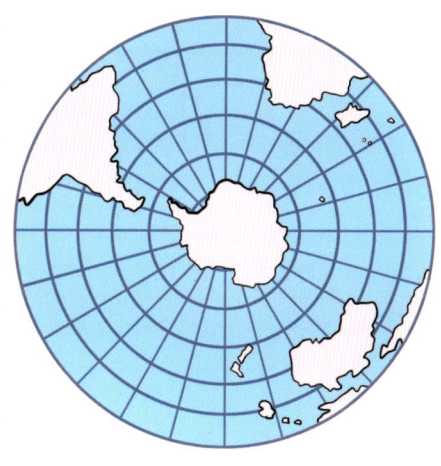

남반구

바다 보물을 찾으러 출발!

느릿느릿 귀여운 새 친구

 덩치 큰 친구가 천천히 고개를 들며 말했어. 엄청난 크기와는 달리 우리를 공격하려는 상대로는 보이지 않았어.
 "잠시 숨을 쉬려고 바위 위에 살짝 올라왔는데, 너희가 있었던 거야. 피하려고 했는데, 내가 워낙 느려서……."
 말도 아주 느릿느릿했어.
 "나랑 부딪힌 건 괜찮아?"
 "응, 괜찮아. 조금 놀랐을 뿐이야. 그런데 넌 누구야?"
 "나는 듀공이라고 해. '바다의 숙녀'라는 뜻의 말레이시아어에서 유래한 이름이지. 그런데 너희는 누구야? 못 보던 친구들인데?"

"나도 이곳을 사랑해. 여기에는 맛있는 해초들이 많고, 비교적 살기에 안전하거든."

"듀공, 비교적 안전하다니 그게 무슨 말이야? 다른 곳은 위험하기라도 한 거야?"

"아, 너희는 바다 소식을 많이 접하지 않았나 보구나. 한때 우리는 인간의 사냥감이었어. 인간이 고기와 기름 등을 얻기 위해서 우리를 마구 잡아가고는 했지."

"정말이야? 어떻게 그럴 수 있어? 내가 아는 인간 세상은 절대……!"

통이는 흥분한 나를 진정시키느라 옆에서 안절부절했어.

"놀랄 필요는 없어. 다행히 지금은 인간이 우리를 보호해 주려고 노력하고 있어. 아직 갈 길은 멀지만 말이야."

듀공의 이야기를 들으니 화가 나고 답답했어. 내가 동경해 온 인간 세상에서 바다 왕국을 공격하고 있었다니!

"우리는 수명이 길다는 장점이 있지만, 새끼를 한 번에 한 마리씩만 낳아서 오래도록 돌보기 때문에 종족을 이어 가는 속도가 느려. 그래서 살아남기에 불리하지."

"그러면 듀공의 수가 많이 줄었겠네?"

"응. 게다가 기후 변화 등으로 우리의 먹이인 해초가 풍부한 지역이 줄어들어서 그 수가 더 줄었어."

"듀공, 우리가 너를 위해 할 수 있는 일이 있을까?"

아빠께 듀공이 처한 사정을 알리면 아빠께서도 무언가 해결 방법을 찾으시지 않을까 생각했어.

"감동이야. 마음만으로도 큰 힘이 되는걸!"

통이의 과학 뽐내기

듀공

나! 듀공은 말이지…….

듀공은 해양 초식성 포유류로, 바다소에 속해. 해초를 주로 먹고, 비교적 얕은 해안가를 좋아하지. 주둥이로 연안의 밑바닥을 훑으면서 해초를 빨아들이듯이 먹어. 그래서 입이 축 늘어진 모습을 하고 있어.

큰 덩치에 비해서 눈이 작고 시력은 나쁜 편이야. 대신 청각과 후각이 발달했어. 수명은 70년 정도로 길지만, 번식 속도는 느려. 세계자연보전연맹(IUCN)에서 멸종 위기 생물로 지정되어 있어.

바다 왕국이 사라진다고?

"듀공, 네가 아는 생물은 얼마나 많아?"

"현재 지구 전체에 살고 있다고 알려진 생물은 약 180만 종이야. 나도 다 알지는 못해."

"뭐? 180만 종? 게다가 아직 밝혀지지 않은 생물도 있는 거야?"

"물론이지. 아직 밝혀지지 않은 생물의 수가 밝혀진 생물의 수보다 훨씬 많을걸."

"와, 대단하다! 우리는 듀공도 오늘 처음 봤는데. 그치, 통아?"

"너희가 나를 처음 본 건 아마 내가 취약종이기 때문일 거야."

"취약종? 그건 또 뭐야?"

듀공은 멸종 위기에 처한 생물과 서식지, 환경을 지키기 위해 노력하는 단체인 세계자연보전연맹을 우리에게 소개해 주었어. 멸종 위기 정도에 따라서 등급을 매겨 생물을 관리한다고 덧붙였지.

"내가 속한 취약종은 전체 등급 중에서 다섯 번째로 멸종 위험이 높아."

순간 듀공이 사라지면 어쩌나 걱정이 되었어.

"아휴! 세아, 정말 몰랐던 거야? 바다 왕궁에서도 멸종 위기에 처한 바다 생물에 대한 소식은 다 알고 있다고!

바다에 사는 생물이 멸종한다는 것은 곧 바다 왕국이 사라져 가고 있다는 뜻이니까."

통이의 말을 듣는 순간 뜨끔했어. 언젠가 아빠가 언니들과 나를 앉혀 놓고 바다 왕국을 지켜야 한다느니, 바다 생물이 위험에 처해 있다느니 하는 이야기를 한 적이 있거든. 그때도 나는 어떻게 하면 인간 세상을 다녀올 수 있을까 하는 궁리만 하고 있었어.

"난 아직 희망을 갖고 있어. 인간도 노력하고 있고, 바다 왕국에서도 우리를 열심히 지켜 주고 있으니까."

"그러고 보니 보물 찾는 걸 잊고 있었네! 듀공, 바다 보물에 대해서 들어 본 적 있어?"

"글쎄. 바다 보물인지는 모르겠는데, 저기 보이는 해안가에 유명한 게 있긴 해."

"정말이야?"

나는 진짜 보물을 발견할지도 모른다는 생각에 가슴이 두근거렸어.

"내가 보기에는 그냥 바위야. 그런데 과학자들도 종종 와서 연구하는 것 같고, 관광객이 놀러와서 사진도 찍어."

"앗, 느낌이 확 오는데! 통아, 우리 그 바위에 가 보자!"

통이의 과학 뽐내기

멸종 위기 생물

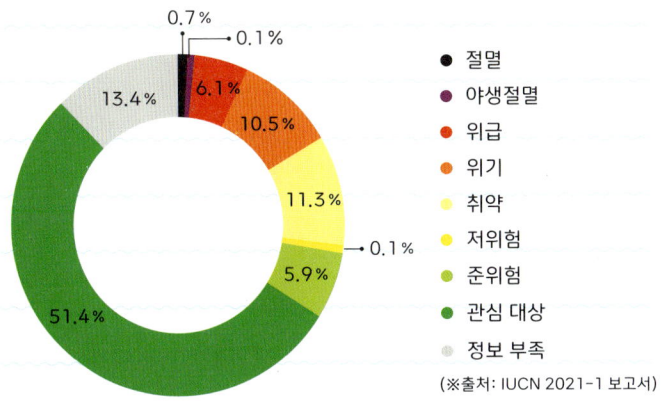

- 절멸 0.7%
- 야생절멸 0.1%
- 위급 6.1%
- 위기 10.5%
- 취약 11.3%
- 저위험 0.1%
- 준위험 5.9%
- 관심 대상 51.4%
- 정보 부족 13.4%

(※출처: IUCN 2021-1 보고서)

세계자연보전연맹에서는 멸종 위기에 처한 생물을 조사해서 발표하고 있어. 보고서가 발표될 때마다 조금씩 멸종 위기 생물이 늘어나고 있다는 게 참 안타까워.

나 고릴라는 위급종이야. 얼마 뒤면 나를 영영 못 볼지도 몰라.

나 도도새는 이미 멸종된 지 오래라고!

이상한 바위의 정체

"어머, 깜짝이야! 안녕? 처음 보는 친구네. 우리 동네에 놀러 온 거야?"

"뭐, 그런 셈이지."

"만나서 반가워. 나는 레일리라고 해. 해변 근처에 살고 있어. 가끔 스트로마톨라이트를 보러 이곳에 나오는데, 여기서 새로운 친구를 만나게 될 줄은 몰랐어."

"스트마이트…?"

"호호. 처음 들어 보는 거야? 네 앞에 보이는 것들이 바로 스트로마톨라이트야."

"이 바위의 이름이 스트로마톨라이트구나!"

"이건 바위가 아니야. 남세균이라고 하는 미생물의 흔적이지."

"남세균? 그럼 여세균도 있어?"

"하하. 넌 참 재미있는 아이구나. 남세균의 '남'은 짙은 청록색, 그러니까 남색을 뜻해. 남세균의 가장 큰 특징은 광합성을 한다는 점이야. 광합성을 하면서 공기 중으로 산소를 내뿜지."

"숨 쉴 때 필요한 산소 말이구나!"

레일리가 들려주는 이야기는 정말 신기했어.

통이의 과학 뽐내기

광합성

광합성은 생물이 스스로 영양분과 에너지를 얻는 과정이야. 주로 식물에서 일어나는 과정이지. 특히 세포 속에 있는 엽록체에서 일어나. 내가 그림으로 쉽게 설명해 줄게!

이 과정을 통해서 지구 대기에 산소를 공급하고, 생물이 살아가는 데 필요한 영양분이 만들어져. 또 온실가스인 이산화 탄소를 흡수한다는 점에서도 광합성은 매우 중요해.

남세균은 지구에서 처음으로 광합성을 해낸 아주 고마운 생물이야. 광합성을 하는 다양한 식물 덕분에 인간도 에너지를 얻을 수 있게 된 거지.

첫 번째 보물은 바로…

통이 말대로 난 내가 사는 바다 세상에 대해서도, 내가 좋아하는 인간 세상에 대해서도 제대로 아는 게 없었어. 그렇다고 레일리 앞에서 나를 놀리다니! 순간 오기가 생겼지. 다섯 가지 보물은 모두 내가 발견하고 말거야!

"레일리, 혹시 바다 보물에 대해 들어 본 적 있어?"

"하하, 우리 세아 공…, 아니 세아, 너 나보다 먼저 보물을 발견하고 싶어서 그러지?"

"쳇! 나를 어떻게 보고."

"호호. 너희 재미있는 친구들이구나? 바다 보물에 대해 들어 본 적은 없지만, 나라면 스트로마톨라이트를 보물로 여기겠어. 지구 최초의 생명체가 남긴 흔적이니까."

지구 최초의 생명체라고? 그럼 이 해변에서 생명이 처음 태어났다는 거야?

이 해변에서 생명체가 처음 태어난 건 아니야. 깊은 바닷속에 있는 열수공이라는 곳에서 생명의 기본적인 물질이 만들어졌을 거라고 추측할 뿐이야.

레일리는 스트로마톨라이트가 자기네 동네에 있다는 게 자랑스럽다고 했어.

"나 보물을 찾은 것 같아! 레일리 말대로 지구 최초의 생명체가 남긴 흔적이라니 이보다 더 귀한 보물이 어디 있겠어. 그렇지, 통아?"

통이도 고개를 끄덕였어.

"많은 과학자들이 스트로마톨라이트를 연구하고 보물처럼 생각하고 있으니, 바다 보물로서 자격이 충분할 거야."

"세아야, 그런데 저 큰 걸 어떻게 가져간다는 거야? 우리는 보물을 찾아서 조개에 담아 보내야 한다고!"

그때 레일리가 작은 돌 조각을 건네 주었어.

"이건 스트로마톨라이트 조각이야. 이곳 바다에 탐사 온 과학자들에게 이곳저곳을 안내해 드리고 얻은 거지."

"어머나, 이 귀한 걸 우리한테 주는 거야?"

"그럼, 우리는 친구잖아!"

"고마워. 진짜 소중히 기억하고 간직할게."

스트로마톨라이트 조각을 받아들자 내 손 안에서 반짝반짝 빛이 났어. 정말 신기했지. 통이도 첫 번째 바다 보물을 찾았다며 온몸으로 기뻐했어.

세아의 첫 번째 보물 편지
스트로마톨라이트

 아빠, 잘 지내시죠? 저희가 여행을 떠나온 지 벌써 3일째네요. 여기는 오스트레일리아 근처의 바다인데, 날씨가 참 화창해요. 첫 번째 보물을 찾아낸 제 마음과 똑같이 말이죠.

 편지와 함께 보내는 보물은 스트로마톨라이트 조각이에요. 스트로마톨라이트는 지구 최초의 생명체인 남세균이 만들어 내는 흔적이래요. 이 보물은 이번 여행에서 만난 새로운 친구들 덕분에 얻게 되었어요. 바다 왕국 친구 듀공과 인간 세상 친구 레일리요.

 듀공은 인어를 닮은 바다소예요. 그런데 현재 멸종 위기에 처해 있어서 우리가 잘 지켜주어야 한대요. 레일리는 오스트레일리아 해변 마을에서 살고 있는 소녀인데, 아는 것이 엄청 많더라고요.

 이번 여행에서 새롭게 알게 된 바다 소식도 전할게요. 아빠의 도움이 필요한 부분도 있으니 잘 읽어 주세요.

바다 생물 소식 1

 바다에 사는 생물이 전 지구 생물의 13 %를 차지한대요. 아직 밝혀지지 않은 생물이 훨씬 많을 거라고 하고요.
 바다 왕국의 크기가 매우 크죠?

바다 생물 소식 2

 듀공과 같이 멸종 위기에 처한 바다 생물이 많대요. 제가 정말 좋아하는 인간이 때로는 바다 생물을 위협하는 존재가 되기도 하더라고요. 아빠가 듀공을 비롯해 멸종 위기에 처한 바다 생물의 처지를 알고 보호해 주셨으면 해요.

바다 왕국이 영원히 사라지지 않았으면 좋겠어요.

바다 생물 소식 3

지구 최초의 생명체는 남세균이래요. 남세균은 광합성을 하면서 지구 대기에 산소를 공급하는 역할도 했대요.

남세균이 남긴 흔적이 바로 스트로마톨라이트예요.

바다 왕국은 아주 오래전부터 많은 생명이 사는 터전이라는 걸 배웠어요. 그들을 보호하기 위한 노력이 지속되어야 한다는 것도 알게 되었고요.

우리가 어떤 노력을 할 수 있을까요? 아빠는 아시죠?

새로운 세상으로

마법에 걸려 버렸어

"레일리, 네 목걸이 참 예쁘다."
"고마워. 이건 상어 이빨로 만든 건데, 증조할머니께서 내게 선물로 주신 거야. 증조할머니는 해양고생물학자셨어. 인간이 지구에 있기 훨씬 전부터 살았던 바다 생물을 연구하셨지."

인간이 지구에 나타나기 전, 바다는 어떤 모습이었을까? 바다에서 생명이 태어나고 오랜 시간이 지나면서 수많은 생명이 바다에서 살아왔겠지? 남세균처럼 지금까지 살아남은 생물도 있고, 멸종한 생물도 있고. 먼 옛날의 바다는 어떤 모습이었을까?

"레일리, 네 목걸이 한 번 만져 봐도 돼?"

"그럼, 당연하지."

그때 믿지 못할 상황이 펼쳐졌어. 목걸이에 손을 대는 순간, 세찬 바람이 나오면서 빛을 뿜더니, 우리 모두 목걸이 속으로 순식간에 빨려 들어갔어.

레일리를 본 나는 놀라 기절할 뻔했어. 레일리가 인어로 변해 있었지 뭐야!

"꺅! 어떡해. 나에게 꼬리가 생겼어. 내가 인어로 변하다니. 앗! 세아야, 너도 인어로 변한 거야?"

"사실… 난 원래 인어야! 내 정체를 들키면 안 되는데. 레일리, 비밀 지켜 줄 수 있지?"

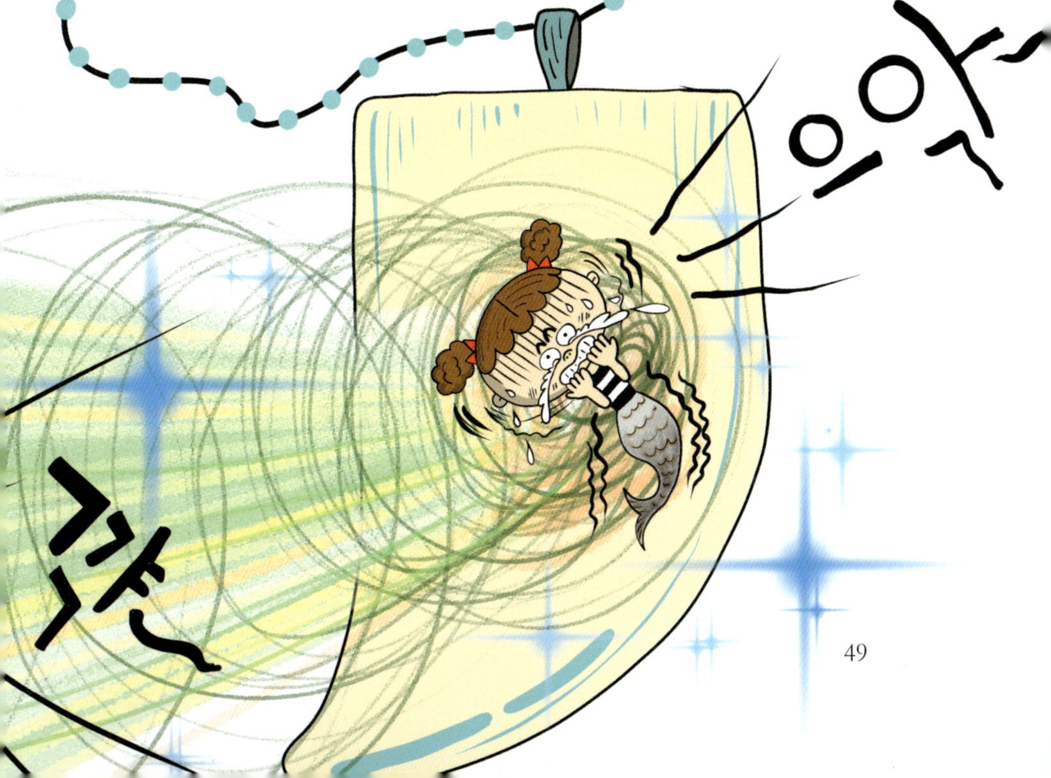

"당연하지. 나도 이제 인어인걸? 흑흑."

레일리는 갑자기 인어가 되어 당황한 것 같았어. 다시 집에 돌아가지 못하면 어쩌나 걱정하며 울먹였지.

상황을 지켜보던 통이가 뭔가 생각난 듯 이야기했어.

"레일리의 목걸이가 방금 마법을 부린 것 같아. 레일리가 다시 인간이 되는 방법도 있지 않을까?"

레일리가 잠시 머뭇거리더니 이야기를 시작했어.

"전설이라고만 생각했는데, 진짜였다니!"

먼 옛날, 레일리네 마을에 인간과 사랑에 빠져 인간 세상에 살게 된 인어가 있었는데, 그분이 유언을 남겼다고 했어. 만약 인간이 된 인어의 후손이 진짜 인어를 만나면 마법에 걸릴 거라고 말이야. 그런데 오랜 시간이 지나면서 마을 사람들은 물론 후손들도 유언을 잊은 채 살아왔다고 했어.

저 분이... 흑흑.

여긴 어디지?

"이건 삼엽충이야."

레일리는 바로 동물을 알아봤어.

"삼엽충은 지금은 멸종된 생물이야. 고생대 바다에 넓게 퍼져 살았지. 그런데 어떻게 삼엽충이 여기 있는 거지?"

"우리가 순간 이동을 한 건가?"

"통이의 말대로 고생대 바다로 순간 이동을 했나 봐! 고생대는 약 5억 4,000만 년 전부터 2억 5,000만 년 전 사이의 과거 시대야. 목걸이가 우리를 과거로 데리고 온 걸까?"

우리가 한창 목걸이의 마법에 대해 이야기하는 동안, 삼엽충이 우리 근처를 맴돌았어.

내가 삼엽충과 닮았다며 통이를 놀리자 레일리는 통이와 삼엽충 모두 절지동물에 속하니 닮은 게 당연하다고 알려 주었어."

삼엽충은 지금까지 1만 5,000종 이상이나 발견되었다고 했어. 크기가 수 밀리미터의 아주 작은 삼엽충부터 70센티미터 이상의 큰 삼엽충까지 있다고 했지. 뿔이나 가시가 있는 것도 있다는데 여기서는 보이지 않더라고.

"어! 저기 거대한 괴물이 이쪽으로 오고 있어. 피해!"

바위 뒤로 숨자마자 집게발이 달린 큰 갑오징어처럼 생긴 동물이 순식간에 나타나 삼엽충을 꿀꺽 삼켜 버렸어.

"아노말로카리스야. 무시무시한 바닷속 사냥꾼!"

레일리는 삼엽충이 아노말로카리스의 먹잇감이라고 했어.

수억 년 전의 바다에도 지금의 우리와 같이 동물들이 서로 먹고 먹히는 관계에 있었다는 게 신기했어.

"애들아, 나는 삼엽충보다 아노말로카리스를 더 닮지 않았어? 내 집게발보다야 못하지만."

통이는 아노말로카리스의 집게발에 반한 것 같았어.

"글쎄, 내 눈에는 엄청나게 달라 보이는데? 하하하."

통이와 삼엽충이 닮은 걸 보면, 고생대의 바다 생물과 현재를 살아가는 생물이 생각보다 비슷한 것 같아.

"자, 시간이 없어! 아노말로카리스에게 잡아먹히기 전에 어서 여기를 떠나자."

레일리는 빨리 다른 곳으로 이동하고 싶어 했어.

"어, 네 뒤에……!"

뒤를 돌아보니 아노말로카리스가 가시 달린 양쪽 집게발을 위아래로 사정없이 휘두르며 우리 쪽으로 다가오고 있었어. 아노말로카리스는 집게발을 더 세게, 더 높이 흔들었고, 집게발을 움직일 때마다 물살은 더 거세졌어.

"안 되겠다. 흩어지자!"

통이가 하라는 대로 나는 오른쪽, 레일리는 왼쪽, 통이는 가운데로 흩어졌어. 아노말로카리스는 우리의 전략을 예상했다는 듯 내 뒤를 바짝 쫓았어.

동굴 속으로

"애들아, 뭔가 느낌이 달라지지 않았어?"

"그러게, 레일리 말대로 뭔가 달라진 것 같아. 좀 더 따뜻해진 것 같고."

"저기 큰 눈이 특징인 이크티오사우루스라는 어룡이 지나가네! 가만, 어룡이라면 지금 여기는 중생대?"

"우와! 통이 넌 바다에 대해서 많이 아는구나!"

"하하! 난 어릴 때부터 어룡과 공룡에 관심이 많았어."

"통이에게는 중생대 바다가 정말 좋은 탐험이 되겠네. 중생대는 어룡과 공룡이 살던 시대이기도 하거든."

"중생대에는 어떤 동물이 살았어? 아까 고생대 바다에 살던 동물과는 생김새가 많이 달라. 신기해."

통이는 고생대 바다를 여행한 뒤 바다 생물에 관심이 커진 것 같았어.

"중생대 바다에는 어룡뿐 아니라 수장룡, 거북류, 악어류 같은 다양한 바다 파충류들이 살았어."

"중생대는 고생대보다 현재와 더 가까운 거지?"

"그래, 세아야. 우리는 지금 과거를 지나고 있어."

그때 통이가 소리쳤어.

"어, 이크티오사우루스가 들어가는 저 동굴 보여?"

"환한 빛이 나오는 동굴 말이지? 응, 보여!"

우리는 이크티오사우루스의 뒤를 몰래 따라갔어. 빛을 뿜어내는 환한 동굴 앞에 다다르자 방금까지 눈앞에 있던 이크티오사우루스가 온데간데없이 사라졌어.

우리는 동굴 속으로 천천히 더 들어갔어. 들어갈수록 빛은 더 강해졌고, 눈을 뜨기조차 힘들었어.

 날카로운 이빨을 보니 우릴 곧 잡아먹을 것처럼 보였어. 그런데 바실로사우루스는 우리와 친해지고 싶은 듯이 아주 얌전히 있었어. 그러곤 등 뒤에 올라타라는 듯 고개를 까딱이는 게 아니겠어?

 "얘들아, 바실로사우루스가 우리한테 신호를 보내는 것 같은데? 자기 등에 올라타라는 것 같아."

"세아야, 위험하진 않을까?"

"우릴 잡아먹으려고 했다면, 벌써 잡아먹었겠지."

우린 바실로사우루스의 길쭉한 등 위에 나란히 올라탔어. 그러자 바실로사우루스는 어딘가로 헤엄치기 시작했어. 설마 얌전한 얼굴로 우리를 속이고 납치하려는 건 아니겠지? 그나저나 목걸이의 마법은 언제쯤 풀리는 걸까?

통이의 과학 뽐내기

지질 시대

지질 시대는 지구가 탄생한 뒤부터 생물상의 극적인 변화에 따라 시대를 구분해 놓은 걸 말해.

선캄브리아대는 46억 년 전부터 5억 4,200만 년 전까지로, 단단한 골격을 가진 생물이 적었어. 그래서 화석을 찾기 어려워.

고생대는 5억 4,200만 년 전부터 2억 5,100만 년 전까지로, 무척추동물을 비롯해 어류, 양서류, 파충류가 나타났어. 바다에 살던 생물들이 육상으로 진출하고, 거대한 식물이 자랐지.

중생대는 2억 5,100만 년 전부터 6,550만 년 전까지로, 다양한 파충류와 공룡이 번성했어. 속씨식물이 등장해 그와 관계를 맺는 다양한 곤충도 나타났고.

신생대는 6,550만 년 전에서 현재까지야. 포유류가 번성하고 인류가 등장했어.

상어 목구멍 대탈출!

바실로사우루스의 등을 타고 바다를 둘러보고 있는데 누군가 우리를 잔뜩 노려보고 있는 게 느껴졌어.

"저거, 상어 아니야?"

레일리는 상어가 고생대부터 현재까지 멸종하지 않고 계속 생존한 동물이라고 했어.

"언제부터 우리를 쫓아온 거지?"

"세아야, 쉿! 상어의 심기를 건드려서 좋을 건 하나도 없어. 어느 시대 상어인지는 모르지만, 일단 도망부터 가자!"

"내가 망을 볼 테니, 너희 먼저 이동해."

통이가 집게발을 내밀며 의연하게 말했어.

레일리가 먼저 바실로사우루스의 등에서 탈출해서 근처 바위 뒤로 숨었어.

"잘했어, 레일리! 이제는 세아 차례!"

나는 상어의 눈치를 먼저 살폈어. 상어는 사라진 레일리가 어디 있는지 찾으려고 두리번거렸지. 이때다 싶어서 조심스럽게 레일리 반대쪽에 있는 해초 숲으로 다가갔어.

"제발 보지 마라. 보지 마라. 보지 마라!"

해초 뒤에 거의 다다랐을 때 상어 쪽을 슬쩍 봤는데, 아이고머니나, 상어랑 눈이 딱 마주쳤지 뭐야!

"꺅!"

"세아야!"

상어는 눈 깜짝할 사이에 내 코 앞까지 다가왔어. 날카로운 이빨을 드러내며 입을 쩍 벌렸지. 나는 순식간에 상어 입속으로 빨려 들어갔어. 이번 과거 여행에서는 빨려 들어가는 게 일인가 봐, 흑흑. 그래도 불행 중 다행으로 상어 목구멍에 걸려 버렸어.

"세아야, 내가 갈게. 거기 있어!"

바실로사우루스 등 위에서 상황을 지켜보던 통이는 날카로운 집게발을 움직이며 내 쪽으로 헤엄쳐 왔어.

"레일리, 네 목걸이 덕분에 정말 멋진 바다 여행을 했어. 지구 역사 속의 바다를 모두 구경했잖아, 그렇지?"

나는 뭔가 대단한 일을 한 것처럼 느껴졌어.

"통아, 세아야, 난 이제 집에 가 봐야겠어. 가족들이 내가 없어진 줄 알고 엄청 찾고 있을 거야."

"그래. 우리 다시 볼 수 있겠지?"

"물론이지. 내가 보고 싶으면 언제든지 스트로마톨라이트가 있는 곳으로 와. 나는 늘 여기에 있으니까."

"응. 통이와 함께 꼭 놀러올게. 약속해!"

"참, 세아 널 보니 메리 애닝이 생각나."

"메리 애닝? 그게 누군데?"

레일리는 메리 애닝이라는 열한 살 소녀의 이야기를 들려주었어. 메리는 어려서부터 화석에 관심이 많아서 익룡,

수장룡 등 다양한 화석을 발굴했다고 했어. 중생대 바다에서 보았던 이크티오사우루스의 화석도 메리가 발견한 거라고 했어. 화석 분야에서 엄청난 업적을 남긴 거지.

"메리는 어린 소녀라도 충분히 원하는 일을 할 수 있다는 걸 보여 주었어. 나의 롤모델이지! 이번에 너희와 신기한 경험을 하면서 네 모습이 메리와 닮았다고 느꼈어. 너도 이번 여행에서 네가 원하는 보물들을 다 찾을 수 있을 거야."

"그렇게 생각해 줘서 고마워, 레일리."

메리 이야기는 나에게 큰 힘이 되었어. 과연 내가 보물을 찾아서 인간 세상에 갈 수 있을지 걱정이 많았거든. 메리가 어렵고 힘든 환경에서 화석 수집하기를 멈추지 않았듯이, 나도 인간 세상에서 살기 위해 노력하는 일을 멈추지 않을 거야!

레일리는 우리를 향해 두 손을 흔들면서 방긋 웃어 주었어. 레일리의 입술 사이로 하얀 이 하나가 햇빛을 받아 반짝였지. 레일리 목에 있는 상어 이빨 화석도 함께 반짝였어. 마치 우리가 함께한 바다 여행이 반짝거렸던 것처럼 말이야.

세아의 두 번째 보물 편지
상어 이빨

아빠, 여행 일주일 만에 두 번째 편지를 보내네요. 저희는 오스트레일리아 근처 바다에 머물고 있어요. 여기에서 아주 놀랄 만한 여행을 했어요.

지난번에 해변에서 만난 친구 레일리가 알고 보니 인어의 후손이었어요. 정말 운명 같은 만남이죠? 레일리의 목걸이가 마법을 부려 우리는 아주 먼 과거의 바다를 여행했어요. 그리고 과거의 바다에서 두 번째 보물을 찾아냈고요. 바로 상어 이빨이에요.

고생대부터 신생대에 이르기까지 많은 생물이 탄생하고 또 멸종했다는 걸 배웠어요. 각 시대의 환경에 맞게 생물이 적응하며 살아간다는 것도요. 또 통이를 닮은 삼엽충이 과거에 살았던 것처럼 과거의 생물과 현재의 생물이 연결되어 있다는 생각도 했어요. 과거의 바다를 여행하며 많은 위기가 있었지만 다 같이 힘을 합쳐 잘 이겨냈어요.

이번에 알게 된 바다 소식들은 아마 아빠도 잘 모르셨던 것일 수 있어요. 들어 보세요.

과거의 바다 소식 1

지질 시대에 살았던 과거의 생물을 고생물이라고 부른대요. 고생물은 현재 살고 있는 많은 생물의 조상이라고 할 수 있죠. 그래서인지 현재 생물과 닮은 모습의 고생물도 많았어요.

과거의 바다 소식 2

　제가 직접 만난 과거의 바다 생물은 고생대 생물인 삼엽충과 아노말로카리스, 중생대 생물인 이크티오사우루스, 신생대 생물인 바실로사우루스예요. 이 친구들 덕분에 우리가 여행 중인 시대가 언제인지 알 수 있었어요.

과거의 바다 소식 3

　상어처럼 과거부터 지금까지 생존한 생물도 있어요. 물론 자세한 모습은 조금씩 달라졌겠지만요.

　지금은 더이상 만날 수 없는 과거의 바다 생물을 직접 보고 왔다는 것이 아직도 믿기지 않아요. 생물은 환경과 아주 밀접한 관계 속에서 살아가고 있다고 해요. 환경이 급격히 변하면, 멸종을 하기도 하고요. 지금 우리가 살고 있는 바다를 잘 보호해서 현재 바다 생물과 오래도록 함께 살면 좋겠어요.

삐리삐리, 삐리삐리

삐리삐리, 만나서 반가워

"잘 따라오고 있지, 통아?"

"그럼, 그럼. 나도 너 못지않게 헤엄 실력이 좋다고."

우리는 이번에 바다 밑에 내려가 보기로 했어. 아무래도 바다 보물은 우리가 잘 모르는 곳에 숨겨져 있을 것 같아서 말이야. 또 레일리가 지구의 생명이 탄생한 곳이라던 해저 열수공에도 가 보고 싶어.

"아, 뭔가 느낌이 이상한데? 누군가 우리를 지켜보는 것 같아!"

경계심이 발동한 통이는 두 눈을 부릅뜨고 주변을 살폈

어. 그때 무언가가 나타나더니 번쩍번쩍 빛을 터뜨렸어.
　역시 통이의 직감은 정확해. 실체를 보고 나서는 더 깜짝 놀랐어. 통이처럼 단단한 껍질을 가지고 있는데 희한하게도 얼굴이 없었어. 움직이고 있는데 살아 있는 생물 같은 느낌은 들지 않는 거야. 진짜 으스스하지?

"해미 너는 지금 탐이 몸속에 있는 거야?"

"아니, 나는 지금 내 연구실에 있어. 탐이는 내 컴퓨터와 연결되어 있고. 앞쪽에 달린 카메라 보이지? 그걸 통해 너희를 보는 거야."

"신기하다. 눈앞에 없는 데도 이야기를 나눌 수 있다니 말이야. 잠수함 로봇도 신기하고……."

"난 깊은 물속에 인간이 아무런 장비도 없이 다니는 게 더 신기한걸! 그리고 꼬리 같은 건 뭐야?"

"사실… 나는 바다에 사는 인어야!"

"정말? 인어는 동화 속의 존재라고만 생각했는데, 네가 인어라고? 우와, 이건 다시 없을 영광인걸!"

해미는 바다 밑을 구경하는 게 세상에서 가장 재미있다고 했어. 또 바닷속에 사는 내가 부럽다고 했지. 나는 가슴 한쪽이 간질거렸어. 나에게는 하루빨리 떠나고만 싶은 바다인데. 누군가 바다를 동경하고 있다니.

"바다는 물로 덮여 있는 보물 창고 같아. 바닷속에 사는 동식물을 포함해서 바닷속 끝에 있는 땅과 거기에 묻혀 있는 자원까지 말이야."

해미는 정말 바다를 사랑하는 것 같았어.

"해미야, 근데 왜 탐이를 이 먼 바닷속까지 보낸 거야?"

"나는 바닷속 세상에 직접 가 보고 싶지만, 한계가 있어. 그래서 탐이를 보낸 거야. 탐이가 촬영하고 녹음하는 모든 자료를 내가 받아서 볼 수 있어. 참! 세아야, 너 혹시 해구에도 가 봤니? 바다 밑에 있는 깊은 골짜기 말이야. 이번에 탐이가 해구를 탐사할 예정이거든."

"우리도 지금 바다 밑을 탐험하려던 참이었어. 탐이랑 같이 가면 재미있겠다."

"야호! 잘됐다! 탐이에게는 해저 지형과 지리 정보가 탑재되어 있어서 큰 도움이 될 거야. 나도 수시로 접속할게."

"삐리삐리. 내가 아는 건 다 알려 줄게. 삐리삐리!"

통이의 과학 뽐내기

해저 지형과 탐사법

바다 깊은 곳에도 땅이 있어. 육지처럼 바다 밑 땅의 모습도 매우 다양하지. 하지만 인간은 바닷속 깊이 직접 들어가서 그 모습을 확인할 수 없어. 그래서 여러 방법을 활용하고 있지.

배에서 소리를 발사하고, 그 소리가 해저에 반사되어 되돌아오는 시간을 측정해서 깊이를 계산하는 방법을 쓰기도 해. 또 우주에 있는 인공위성에서 바다 표면에 레이더 신호를 발사한 뒤, 해수면의 높이를 알아내 바다 밑의 모습을 추정하기도 하고.

바닷속 모습을 직접 탐사할 때는 아주 단단한 재료로 만들어진 데다 특수한 기능을 갖춘 잠수함을 이용한다고 해.

가재는 인어보다 똑똑하다!

"삐리삐리. 삐리삐리."
"탐이가 무엇인가를 감지한 것 같은데?"
"세아야, 저것 좀 봐!"
바다 밑에 불쑥 솟은 산이 보였어. 바다 왕궁보다 100배는 더 컸지.
"삐리삐리. 해산 도착, 해산 도착. 해산은 바닷속에 있는 화산임. 화산은 지구 내부에서 마그마가 나와 쌓여 생김."
　해산을 지나니 커다란 벽이 우리를 가로막고 있었어. 한참 올려다봐도 꼭대기가 보이지 않을 정도로 높았어.

저건 도대체 뭐지?

"삐리삐리. 섬 도착. 섬 도착."

"세아야, 내가 보기에는 섬과 해산이 비슷해 보여. 혹시 꼭대기가 바다 밖으로 나갈 정도로 높게 솟은 해산을 섬이라고 부르는 거 아닐까?"

"삐리삐리. 가재가 인어보다 똑똑함. 정보 저장 중."

탐이의 설명에 따르면, 해산의 윗부분이 수면 위로 나오면 섬이라고 한대. 통이의 생각이 맞았어.

또 섬이면서 솟아 있던 부분이 평평하게 깎이고, 다시 물속으로 가라앉게 되면 기요나 평정해산이라고 부른다고 했어. 뭐 내가 이것까지 알아야 할 필요는 없지만!

"바닷속 생물만 살아 움직이는 줄 알았는데, 해산 이야기를 들어 보니 바닷속 땅도 살아 움직이는 것 같아."

"삐리삐리. 바닷속 땅은 한 번도 멈춘 적이 없음."

"땅이 멈춘 적이 없다고? 그게 무슨 말이야?"

탐이는 다시 불쑥 얼굴, 아니 화면을 내밀었어. 화면은 바닷속 다양한 땅의 모습을 비추고 있었어. 땅 위로 솟은 높은 산맥도 있고, 깊은 바닷속 골짜기도 있었어.

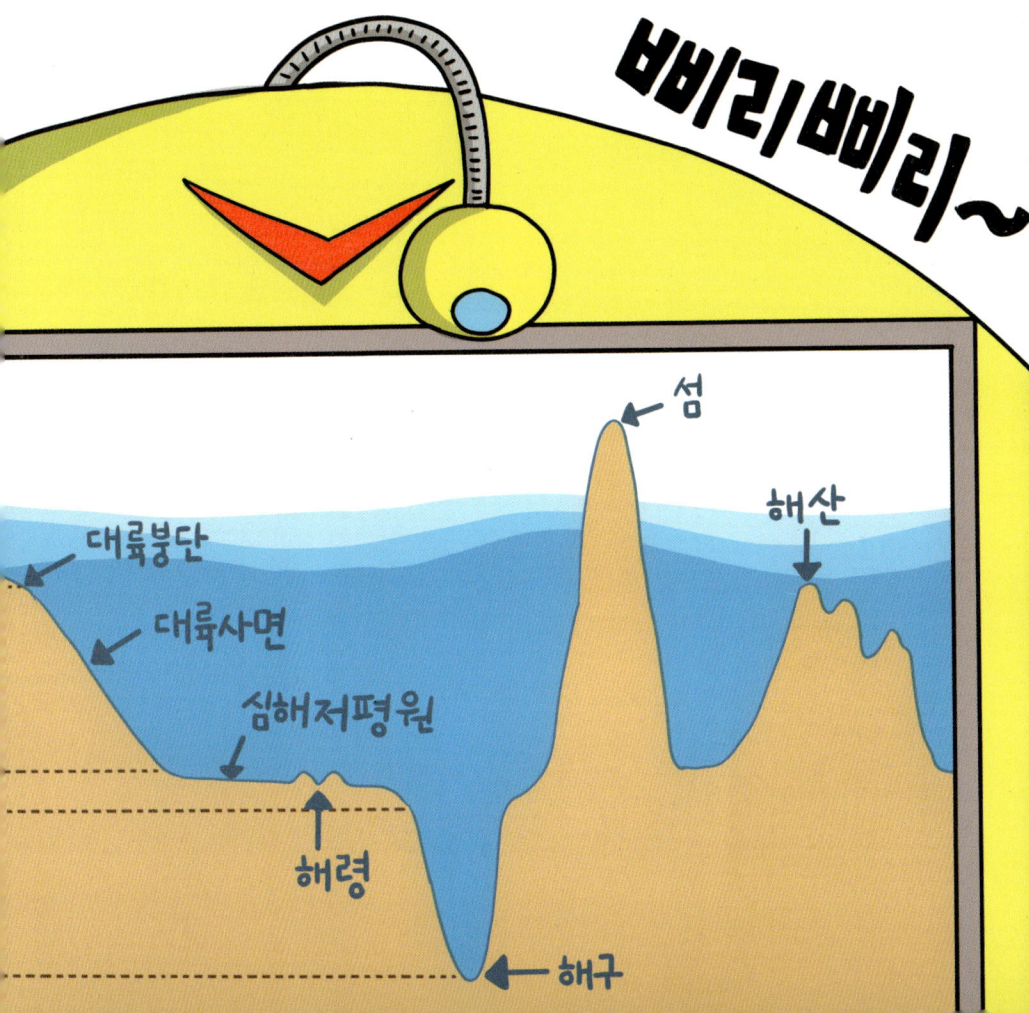

"판은 왜 움직이는 거야? 난 지구의 판이 움직이는 걸 전혀 못 느끼겠는데!"

"삐리삐리. 판은 우리가 그 움직임을 느끼기 어려울 만큼 아주 느린 속도로 움직임. 1년에 몇 센티미터 정도씩, 손톱이 자라는 속도와 비슷하다고 알려져 있음. 삐리삐리. 세아에게 퀴즈를 내겠음. 퀴즈를 맞히면 방금 저장했던 정보를 삭제하겠음."

"좋아, 어디 한 번 내보시지. 다 맞히겠어!"

"삐리삐리. 아래 그림에서 판이 어떻게 이동하고 있는지 맞혀 보시오. 10초 주겠음."

탐이가 화면으로 보여 준 곳은 대양저 산맥 또는 해령이라고 부른다고 했어. 두 판이 서로 멀어지면서 갈라지는 틈 사이로 마그마가 올라와 새로운 땅이 만들어진다고 했지.

"삐리삐리. 세아에게 마지막 기회를 주겠음. 바다 밑의 땅에서 가장 나이가 많은 곳은 몇 살인지 맞히시오."

옆에 있던 통이가 말했어.

"세아야, 좀 모르면 어때! 몰라도 괜찮아."

"쳇! 그렇게 말하는 네가 더 얄밉거든. 꼭 맞힐 거야!"

생각하자, 생각해. 나, 세아 공주는 분명 할 수 있다! 맞힐 수 있어. 음… 아하! 우리가 레일리와 고생대 바다로 여행 갔을 때에도 바다 밑에 분명 땅이 있었단 말이지. 오호!

"5억 4,000만 살!"

"삐리삐리. 틀렸음. 정답은 약 1억 8,000만 살임."

"그럴 리가 없어! 과거 바다 여행에서 분명 봤다고!"

"삐리삐리. 바다 밑의 땅은 새로 생겨나기도 하고 사라지기도 함. 대양저 산맥에서 새로 만들어진 땅이 판의 움직임에 따라 가운데 부분에서부터 멀어지고, 그렇게 멀어진 땅은 또 다른 판을 만나 그 아래로 밀려 들어가 사라짐. 그래서 1억 8,000만 년보다 오래된 땅은 없음."

잔소리쟁이 돌고래

 드디어 우리는 마리아나 해구에 도착했어. 탐이는 마리아나 해구가 지구에서 가장 깊은 땅이라고 했어. 해구의 가장 깊은 지점이 무려 11킬로미터라고 하더라고. 땅 위에서 가장 높은 산인 에베레스트 산이 8.8킬로미터 정도이니, 그 산을 통째로 넣어도 마리아나 해구를 다 채우지 못하는 거야. 해구 밑을 내려다보는데 컴컴해서 아무것도 보이지 않았어.

마리아나 해구는 우리를 곧 빨아들일 것처럼 무서웠어. 머리도 지끈지끈 아프고.

그때 탐이가 불쑥 내민 화면에 해미가 나타났어.

"드디어 도착했구나. 마리아나 해구를 보게 되다니! 먼저 탐이에게 사진을 좀 찍으라고 해야겠어. 너희가 해구에 직접 들어가는 건 위험해. 탐이만 들여보낼 테니, 너희는 입구에서 잠시 기다려줘."

통이는 해미를 향해 조용히 고개를 끄덕였어.

"삐리삐리. 마리아나 해구에 들어가겠음."

말이 끝나기 무섭게 탐이는 해구로 들어갔어. 잘 들어가는가 싶더니 얼마 지나지 않아 뭔가 깨지는 소리가 났어.

"빠지직! 빠지직!"

"어머나! 탐이에게 무슨 일이 있나 봐, 탐이야!"

"치직, 세아야, 치직… 들려?"

"해미야, 상태가 좋지는 않지만, 네 목소리는 들려."

"지금… 치직… 탐이… 치직… 부서졌어… 치직… 그래도 아직… 치직… 연결은… 치직… 다행이야……."

"어쩌지? 내가 탐이를 구하러 가야겠어."

"안 돼, 통이 네가 아무리 단련되었다고 해도 저곳은 많이 위험해 보여."

돌고래는 우리를 향해 쏘아붙이며 말했어. 기분은 나빴지만, 탐이를 구해 준 은인이니 참았지.

"우리는 바다를 여행 중이야. 그런데 넌 내 친구가 해구 안에 빠진 걸 어떻게 알았니?"

"나에게 위험을 알리는 초음파가 느껴졌어. 뭔가 큰일이 났나 싶어서 와 봤던 거야. 그러다 네 친구를 발견했고. 그나저나 너희끼리 이 깊은 바다에 겁도 없이 다니다니, 참!"

돌고래의 말이나 행동이 퉁명스러웠어. 게다가 처음 봤는데 아빠처럼 잔소리를 하고 말이야!

"여긴 심해라고, 심해! 너희가 옛날이야기에서나 듣던 그런 낭만적이고 멋진 곳이 아니라고. 아주 무시무시한 곳이야. 특히 너처럼 철없고 어린 인어에게는 더더욱 말이야."

듣다 보니 정말 기분이 나빴어. 날 어린애 취급하다니. 잔소리만 늘어놓는 미운 돌고래 같으니라고! 결국 나는 참지 못하고 돌고래한테 쏘아붙이고 말았어.

"네가 내 친구를 구해 준 건 정말 고마운데 말이야, 너무하는 거 아니야? 내가 철없고 어리다고? 우린 방금 처음 만났는걸! 그리고 뭐, 심해가 무시무시한 곳이라고? 너처럼 예의 없는 동물이 있다는 사실이 더 무시무시한데?"

돌고래도 지지 않고 맞받아쳤어.

"심해는 빛도 없고 수온도 매우 낮아. 게다가 압력은 굉장히 높지. 땅 위에서 받는 압력의 1,000배나 되는 곳도 있다고. 너 지금 머리가 지끈거리지? 네가 머리가 지끈거리는 것도, 네 친구가 그렇게 찌그러진 것도 바로 심해의 압력 때문이야. 물론 그런 환경에 적응해서 살아가는 바다 생물들도 있지만, 넌 그렇지 않잖아. 그런데도 지금 네 행동이 잘했다는 거야?"

쳇! 내가 어디 가서 말싸움에서 져 본 적이 없는데 말이야. 돌고래의 말에 말문이 막혔어. 게다가 다 맞는 말만 하니. 결국 우리는 마리아나 해구 탐험을 포기하기로 했어. 탐이에게도 위험한 곳이었으니까.

저 얄미운 돌고래는 왜 돌아가지 않는 거야? 우리가 해구로 들어가는지 감시라도 하는 건가?

통이의 과학 뽐내기

심해

초롱 아귀

빗해파리

    심해는 온도가 매우 낮아서 대개 1~2도 정도밖에 되지 않고, 압력은 엄청 세. 1킬로미터 깊이만큼 들어갔을 때, 1제곱미터당 무려 100킬로그램만큼의 누르는 힘을 받아. 이렇게 말하니 어렵지? 웬만한 것들은 다 찌그러진다고 생각하면 돼!

    심해에는 영양분도 많지 않아서 생물이 살아가기에 적합한 환경은 아니야. 하지만 그런 심해에 적응해서 살아가는 생물도 있어. 우리가 흔히 떠올리는 생물의 모습보다 훨씬 재미나게 생겼지.

앗, 뜨거워!

"해저 열수공은 바다 밑에서 뜨거운 물이 나오는 곳이야. 온도가 매우 높은 데다 독성 물질이 나오는 위험한 환경이지. 그곳만의 독특한 생태계에서 살아가는 생물도 있지만 너처럼 어린 인어가 갈 수 있는 곳은 아니야."

"자꾸 나한테 어리다고 할래? 이래 봬도 나 열한 살이라고, 열한 살! 우리 둘이 여행 온 걸 보면 모르겠어?"

"흠… 네가 과연 혼자만의 힘으로 여행하고 있는 걸까? 아까도 네 로봇 친구가 아니었으면 그 위험을 네가 다 겪었을 텐데."

"뭐, 아무튼 우리는 해저 열수공으로 떠날 거야. 이제 너도 네가 살던 곳으로 돌아가. 흥!"

"해저 열수공이 어디 있는지 아는데, 내가 데려다줄까? 너희 놀려먹는 재미가 쏠쏠해서 말이야."

"으…, 진짜 얄미워!"

"내 말을 듣지 그래? 너희에게도 솔깃한 제안일 텐데!"

통이는 옆에서 돌고래 말을 듣자고 했어. 그래, 내 자존심은 구겨졌지만, 지금은 보물을 찾는 게 우선이니까.

우린 돌고래의 등지느러미를 감싸 쥔 채 해저 열수공까지 가기로 했어. 돌고래의 헤엄 속도가 어찌나 빠른지 눈도 못 뜰 정도였어. 지느러미를 놓치지 않으려고 꽉 붙잡았지.

마리아나 해구에서 해저 열수공까지는 매우 멀었어. 돌고래의 도움이 아니었다면 아마 오지 못했을 거야.

"저기 검은 연기 보이지? 저기가 바로 해저 열수공이야. 해저 열수공은 검은 연기가 올라오는 곳도 있고, 하얀 연기가 올라오는 곳도 있어. 보기만 해도 무시무시하지 않니? 여기를 그렇게 와 보고 싶었던 거야?"

"응. 이곳이 지구에서 첫 생명이 탄생했다고 여겨지는 곳이라고 들었거든. 그런데 생명이 탄생하기는커녕 살아 있던 생물도 다 죽을 것 같아. 진짜 뜨거워!"

"하하. 이곳은 평균 300도가 넘어. 하지만 이 뜨거운 온도에 적응하며 살아가는 생물도 있어."

통이의 과학 뽐내기

해저 열수공

관벌레

해저 열수공

해저 열수공은 깊은 바다 밑에서 뜨거운 물이 솟아나는 곳을 말해. 해저 열수공에는 황과 철, 구리, 아연 등의 금속 성분이 녹아 있어. 그래서 찬물을 만나면 검은 연기를 만들지. 금, 은과 같은 귀금속이 육지보다 많아서 인간에게 중요한 자원이 있는 곳으로 주목받고 있어.

또, 해저 열수공은 지구의 첫 생명이 탄생하는 데 필요한 물질이 만들어진 곳으로 여겨지고 있어. 생물이 살 수 없을 정도로 매우 뜨겁고 독성이 강한 곳이야. 하지만 관벌레를 비롯해서 흰 조개, 거미불가사리 등 생각보다 다양하고 규모가 있는 생태계를 이루고 있어.

탐이가 준 선물

 해저 열수공을 떠난 지 한참 만에 넓은 평야에 도착했어. 심해저 평원이라는 곳이었지. 심해저 평원을 지나자 대륙대라고 부르는 언덕 같은 경사가 나타났어. 이어서 경사를 넘어서자 다시 완만한 땅이 나타났지.
 "친구들, 난 이만 돌아가야겠어. 너희들은 참 용감하고 멋졌어. 여행을 마치고 돌아오는 날까지 건강하렴."
 "응? 돌아오는 날?"
 우리를 얕은 바다까지 데려다준 돌고래는 꼬리를 힘차게 흔들며 쏜살같이 어디론가 향했어. 내가 고맙다는 인사를 할 틈도 없이 말이야. 끝까지 자기 마음대로라니까!

"돌고래의 꼬리에 바다 왕국 최고의 보디가드에게만 주는 마크가 그려져 있었어. 내가 받고 싶은 그 마크 말이야. 혹시 전하가 보내신 건가?"

"설마! 아빠가 우리의 여행을 도와주실 리가 없잖아! 우린 지금 벌을 받고 있는 거라고!"

사실 나도 잠깐이지만 돌고래가 아빠가 보내 준 선물 같은 느낌이 들었어. 우리를 지켜주려는 마음이 느껴졌거든.

"우리가 무사히 돌아오긴 했지만, 보물도 찾지 못했고, 탐이도 아직 깨어나지 않았어."

"탐이를 해미에게 돌려줄 방법도 없고. 어쩌지?"

그때 어디선가 탐이를 부르는 소리가 들렸어.

이 목소리는? 주변을 둘러보니 커다란 배 한 척이 다가오고 있었어. 그리고 화면으로만 봤던 해미의 얼굴이 보였어.

"해미야, 반가워! 그런데 탐이가……."

"괜찮아. 탐이 몸에 있는 GPS가 작동하는 걸 보면 완전히 망가진 건 아니야. 조금만 손보면 돼. 오히려 혼자서는 움직이지도 못하는 탐이를 끝까지 챙겨 줘서 정말 고마워."

"고맙긴, 탐이는 해저 여행을 함께한 우리의 소중한 친구인걸!"

그때 탐이를 이리저리 살피던 해미가 조심스럽게 탐이 몸에 있는 수집품 보관함에서 무언가를 꺼냈어.

"어? 이게 뭐지? 너희들 설마 해저 열수공까지 다녀온 거야?"

"응… 어쩌다 보니. 왜 그래, 해미야?"

"이것 봐. 열수 광상이야."

열수 광상은 해저 열수공 주변에서 만들어지는 중요한 자원이라고 했어. 인간도 열수 광상을 얻기 위해 해저 열수공을 연구하고 탐험하는 거라고 했지.

"탐이는 내가 계속 꼭 안고 있었는데, 언제 이걸 여기에 넣은 거지?"

"탐이가 완전히 망가진 건 아니기 때문에 해구 안에서 로봇팔을 움직일 수 있었던 것 같아. 자신을 끝까지 챙겨 준 너희를 위한 보답 아닐까? 그러니 이건 너희에게 줄게."

"정말 고마워. 해미야, 꼭 탐이를 고쳐 줘! 우리의 안부 인사도 꼭 전해 주고!"

얼떨결에 나는 해미가 준 선물을 받아 들었어. 통이는 신나서 폴짝거렸지. 해미와 작별 인사를 하고, 다시 열수 광상을 들여다보았어. 열수 광상은 보란 듯이 내 손 안에서 반짝이고 있었어.

"통아, 이번 해저 여행은 성공한 것 같은데? 안 그래?"

"당연히 성공이지. 여행을 계속할수록 우리도 더욱 강해지는 것 같고! 하하."

세아의 세 번째 보물 편지
열수 광상

아빠, 바다 여행을 시작한 지도 어느덧 열흘이 지났네요. 최근에 저는 인간 친구 해미와 잠수함 로봇 탐이를 만났어요.

해미는 제 또래 여자아이인데, 바다 지형에 관심이 많아요. 탐이와 함께 바다 밑 탐사를 여러 번 했대요. 글쎄, 바닷속에 사는 저를 엄청 부러워하더라고요.

해저 여행에서 찾은 세 번째 보물인 열수 광상을 보내요. 제가 엄청나게 위험한 해저 열수공을 탐험해서 찾은 거랍니다!

열수 광상은 인간 세상에서 중요하고 귀한 자원으로 여겨진대요. 그래서 위험을 무릅쓰고 이걸 연구하고 찾는다고 해요. 보물이 될 만하죠?

참, 저희는 모두 무사해요! 사실 해저 열수공에 가기 전에 마리아나 해구 입구까지 갔었는데, 갑자기 나타난 잔소리쟁이 돌고래가 우리를 많이 도와주었어요. 통이는 바다 왕국 최고의 보디가드가 나타나 우리를 지켜준 거라는데, 제가 그럴 리 없다고 했죠. 하하!

이번 해저 여행에서 새로 알게 된 해저 소식도 정리해 보았어요.

해저 소식 1

바다 밑에는 높은 산과 깊은 골짜기, 편평한 대지와 경사진 언덕 등 다양한 모습의 땅이 있어요. 해산, 해령, 해구, 심해저 평원, 대륙사면 등 어려운 이름이 붙여져 있더라고요.

해저 소식 2

바다 밑과 육지의 땅이 다양한 모습을 가지게 된 건, 지구의 판 조각들이 여러 방향과 속도로 움직이고 있기 때문이래요. 그리고 판 조각들은 아주 느리지만 끊임없이 움직이고 있어서 먼 미래에는 지금과는 또 다른 땅의 모습이 될 거래요.

해저 소식 3

깊은 바닷속은 매우 춥고 압력이 세요. 영양분도 적고요. 뜨거운 물이 나오는 해저 열수공이라는 곳도 있어요. 이런 환경에서도 적응해 살아가는 생명이 있다는 게 놀라워요.

러버덕은 바닷물을 타고

잠시 찾은 여유

우리의 고요하고 평화로운 시간은 어디선가 들려오는 시끄러운 소리에 금세 끝나버렸어.

"통아, 너도 이 소리 들리지?"

"응. 누군가가 목청껏 노래를 부르는 것 같은데! 정말 들어주기 힘든 실력이야."

"이게 노랫소리란 말이야? 말도 안 돼!"

우리는 어렵지 않게 목소리의 주인공을 만날 수 있었어. 계속해서 들려오는 꽥꽥 소리 덕분이었지. 얼마나 열심히 부르던지 우리가 다가오는 줄도 모르고 있더라고.

"꽥꽥 ♪ 아름답고 푸른 ♪ 꽥꽥 ♬ 바다 ↗♪"

"안녕. 넌 노래를 참 좋아하는구나?"

"꽥꽥! 노래는 내 삶의 즐거움이지. 꽥꽥! 더 들려줄까?"

"아니! 괜찮아. 그보다 만나서 반가워. 난 세아야."

"난 통이라고 해."

"꽥꽥! 난 러버덕이야. 꽥꽥! 고무 오리 인형이지. 꽥꽥! 바닷물의 흐름을 따라 세계를 여행 중이야. 꽥꽥!"

다행히 러버덕의 노래는 인사를 나누면서 멈췄어.

러버덕은 스스로 헤엄을 칠 수 없어서 바닷물의 흐름에 몸을 맡긴 채 여행 중이라고 했어.

"러버덕, 너는 어떻게 이 먼 바다까지 온 거야?"

"꽥꽥! 때는 바야흐로 1992년. 꽥꽥! 그런데 세아야, 너는 몇 살이야? 꽥꽥!"

"나는 열한 살 생일을 앞두고 있어."

"꽥꽥! 그렇다면 1992년은 너에게 아주 오랜 옛날이 되겠구나. 꽥꽥!"

"그랬군……요, 러버덕 아.저.씨. 귀엽고 친근하게 생겨서 저랑 비슷한 또래인 줄 알았지 뭐예요."

"꽥꽥! 나는 나이를 먹지 않는 고무 인형이니, 꽥꽥! 태어난 때와 상관없이 친구가 될 수 있어. 꽥꽥! 난 모두를 위한 장난감이니까. 꽥꽥!"

1992년에 러버덕은 친구들과 함께 홍콩에서 미국으로 가는 배에 실려 있었대. 그런데 그만 폭풍우를 만나 배에 실려 있던 수많은 러버덕과 함께 바다에 빠졌다고 했어.

　바다에 빠진 러버덕들은 그 뒤로 계속해서 바다 위를 둥둥 떠다녔대. 한참 시간이 지나 세계 곳곳에서 하나둘씩 인간에게 발견되어 바다를 떠났다고 했어.

　이 이야기에 영감을 받아 작품을 선보이는 예술가도 있고, 러버덕이 떠내려간 경로를 추적해서 연구하는 과학자도 있다고 해. 그러고 보니 우리가 오늘 만난 러버덕은 아직까지 인간을 한 번도 만나지 못한 거였어. 마음이 아프더라고!

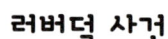

통이의 과학 뽐내기

러버덕 사건

예술가 호프만이 홍콩 바다에 전시한 러버덕

    1992년, 러버덕 장난감을 실은 화물선이 홍콩을 출발해 미국으로 가고 있었어. 안타깝게도 폭풍우를 만나 화물선에 실려 있던 러버덕 장난감들이 바다로 쏟아져 나왔지. 위치는 북태평양 북위 44도, 동경 178도. 그렇게 쏟아진 러버덕 장난감들은 해류를 따라 바다를 둥둥 떠다니게 되었어.

    인간들은 러버덕 장난감들의 이야기를 듣고 반응하기 시작했어. 미국 해양학자 커티스 에비스 마이어는 10여 년 간 러버덕 장난감들의 경로를 추적했지. 네덜란드 예술가인 플로렌타인 호프만은 공공 미술 프로젝트로 러버덕 장난감 조형물을 만들어 2007년부터 세계 곳곳에서 순회 전시하기도 했어. 이를 계기로 러버덕 장난감은 전 세계의 평화와 사랑, 행복의 메시지를 담게 되었어.

수다쟁이 러버덕

"1992년부터 지금까지 바닷물을 타고 여행했다면, 너는 바닷물의 흐름에 대해서는 전문가겠네. 대체 바닷물은 어디에서 어디로 흘러가는 거야?"

"꽥꽥! 바닷물의 흐름을 해류라고 해. 해류의 종류는 다양하지. 꽥꽥! 바다 표면 근처에서도 일어나고, 깊은 바닷속에서도 일어나. 꽥꽥!"

"꽥꽥! 지금 해수면에서 나타나는 바닷물의 흐름은 표층 해류야. 여기서 퀴즈! 표층 해류는 왜 만들어질까? 꽥꽥!"

나는 지난번 탐이가 낸 문제를 모두 통이가 맞춰 기분이 별로였거든. 이번에는 기필코 내가 맞추고야 말겠어.

"바람! 바람 때문에 파도도 생기니까."

"꽥꽥! 정답이야. 꽥꽥."

언젠가 아빠와 도란도란 수다를 떨며 간식을 먹고 있었어. 아빠가 마시던 커피에 입김을 살짝 불었지. 그랬더니 커피가 찰랑거리는 거야. 마치 파도처럼 말이야. 그때 바닷물의 표면도 바람의 영향으로 움직인다는 걸 알았어. 빛나는 나의 기억력. 으하하하!

"저런 길은 처음 보는데?"

"꽥꽥! 친구들, 저 파란색 길을 따라가 보고 싶어?"

"데려다줄 수 있어?"

"꽥꽥! 물론이지. 꽥꽥! 오랜만에 모터를 돌려야겠군. 꽥꽥! 내 등 뒤에 타. 꽥꽥!"

"네 작은 등 뒤에 어떻게 타라는 거야?"

러버덕이 가슴 아래쪽에 달린 스위치를 눌렀어. 그랬더니 러버덕이 크게 부풀어 오르면서 엄청 커지더라고. 러버덕 등 위에 올라탔더니 생각보다 부드럽고 푸근한 느낌이 들었어. 그때 러버덕이 다시 노래를 시작했지.

"꽥꽥! 출동이다! ♪ 꽥꽥! 꽥꽥! 꽥꽥! 꽥꽥!"

 귀가 얼얼해질 정도로 큰 러버덕의 노랫소리를 듣고 있으니, 파란색 길이든 빨간색 길이든 그냥 아무 데나 내리고 싶더라고. 그 생각도 잠시, 러버덕 덕분에 우리는 단숨에 파란색 길까지 도착했어. 러버덕은 등에 있던 우리를 바닷물에 풍덩 빠뜨렸어.

"앗, 차가워! 여기는 어디야? 엄청나게 추워!"

"꽥꽥! 아직 내 모터가 쓸만한데? 꽥꽥! 여긴 북극 근처 알래스카 주변 바다야. 꽥꽥! 파란색 길인 차가운 해류가 지나는 곳이지. 꽥꽥!"

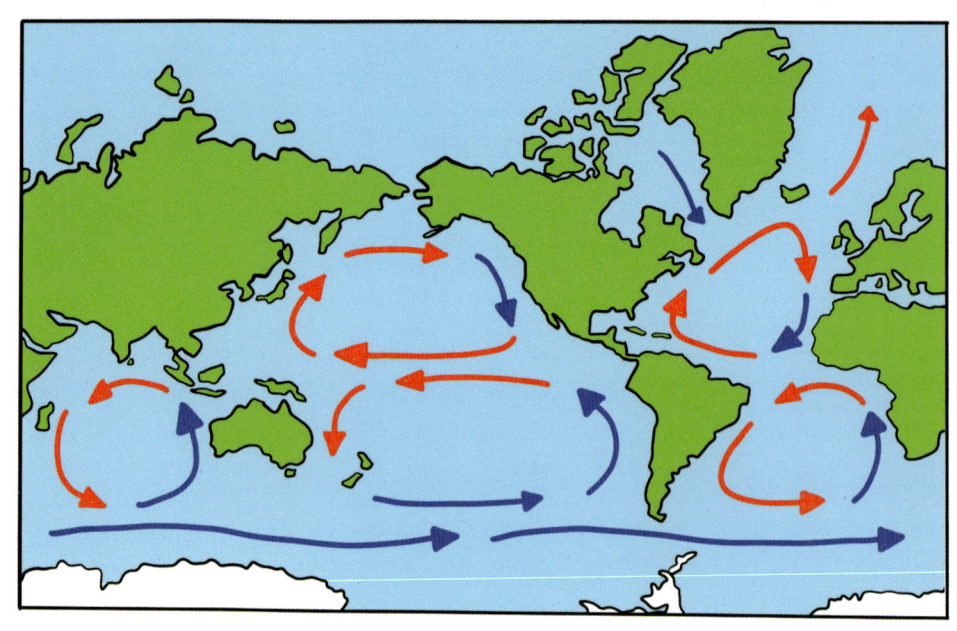

　러버덕에 의하면, 둥근 지구에서는 태양빛을 받는 각도에 따라서 태양빛의 양과 기온이 달라진대. 태양빛을 가장 많이 받는 곳은 적도 부근이라 바닷물이 따뜻하대. 북극과 남극은 태양빛을 가장 적게 받아서 차갑고.

　러버덕이 가지고 있던 해류 지도를 보니 차가운 바닷물과 따뜻한 바닷물이 어느 곳에 분포해 있는지를 한눈에 알 수 있었어.

　"어? 저기 빙하가 우리 쪽으로 점점 가까이 오는데?"

　"꽥꽥! 빨리 내 등에 올라타. 꽥꽥!"

러버덕이 차가운 해류에서 빠져나오지 못할까봐 걱정했는데, 신나게 노래를 부르는 걸 보니 시끄럽긴 해도 마음이 놓였어.

"난 얼음 인어가 되는 줄 알았어!"

"꽥꽥! 나도 예전의 악몽이 떠올라서 무서웠어. 꽥꽥!"

러버덕은 이곳저곳을 떠다니다가 지구에서 가장 추운 남극 바다까지 가게 되었다고 해. 그런데 남극 주변의 차가운 해류는 남극 대륙을 빙빙 돈다는 거야. 그래서 적도의 따뜻한 해류가 남극 가까이 들어오지 못하는 거라고 했어.

"와! 추운 남극에 사는 펭귄들이 존경스러워. 그곳에서 빠져나온 러버덕도 대단하고!"

"꽥꽥! 그렇지. 난 펭귄들의 도움으로 빠져나올 수 있었어. 꽥꽥! 그 후로 아주 오랜 시간 동안 북쪽으로 흐르는 해류를 따라다닌 거야. 꽥꽥! 그렇게 해서 아이슬란드까지 가서 살았지. 꽥꽥!"

"아이슬란드? 아이슬란드라면 북극과 꽤 가까운 곳 아니야? 거기도 춥지 않았어?"

"꽥꽥! 적도에서부터 아이슬란드가 있는 쪽으로는 따뜻한 해류가 흘러들어서 남극만큼 춥지는 않아. 꽥꽥! 따뜻한 해류 덕분에 온난한 기후지. 꽥꽥!"

보물섬에서 만난 거북 할아버지

"꽥꽥! 이곳은 보물섬이 아니야. 꽥꽥! 쓰레기 섬이지. 인간이 버린 플라스틱이나 비닐처럼 썩지 않는 쓰레기들이 해류를 타고 바다를 떠다니다가 이곳에 모인 거야."

뭐? 쓰레기 섬이라고? 러버덕의 말을 듣고 둘러보니 낭만적이고 아름다운 보물섬 느낌은 아니었어.

"꽥꽥! 지구에 있는 큰 바다마다 해류가 고리 모양으로

있어. 태평양의 북쪽과 남쪽, 대서양의 북쪽과 남쪽에 있지. 꽥꽥! 환류라고 불러. 꽥꽥! 환류의 흐름을 타고 거대한 쓰레기 섬들이 생기고 있어. 꽥꽥! 내가 해류를 따라 여기저기 다니는 것처럼. 꽥꽥! 이 쓰레기들도 해류를 타고 다니다가 환류로 흘러와 모이게 된 거야. 꽥꽥!"

"세아야, 여기에 쓰레기만 있는 게 아니야. 바다에 사는 동물도 있어. 저길 봐."

통이가 가리키는 곳을 보니, 쓰레기 섬 곳곳에 바다 왕국 친구들이 보였어. 이 친구들은 여기에 무슨 일로 온 걸까? 어? 저기 저 거북은 낯이 익어……!

"혹시 거북 할아버지……?"

"이게 누구야! 세아 공주님? 어쩌다 이 멀리까지?"

"저는 잠시 여행 중이라……. 할아버지는 여기에 무슨 일이세요? 코에 박힌 건 뭐예요?"

거북 할아버지는 왕궁 전담 병원 의사셨어. 어릴 때부터 날 손녀처럼 귀여워해 주셨지. 맛있는 간식도 사 주시고, 내가 가고 싶어 하는 곳도 함께 가 주셨어. 퇴직하시고는 왕궁을 떠나 긴 바다 여행을 하실 거라며 왕궁을 떠나셨지. 그리고 몇 년 만에 이곳에서 만나게 된 거야.

"허허. 인간이 쓰는 빨대라는 겁니다. 빨대가 꽂힌 음료수 통을 먹잇감인 줄로 착각해서 건드리다가 그만……."

"기다려 보세요. 제가 뽑아 드릴게요."

빨대를 쭉 뽑자 할아버지는 아파 소리를 지르셨어. 상당히 오래 박혀 있던 것 같더라고.

"대체 얼마나 오래 박혀 있던 거예요?"

고마워요, 공주님. 이제 편안하게 숨을 쉴 수 있게 되었네요.

"글쎄요. 기억이 잘 나지 않네요. 그러고 보니 요즘에는 뭐든지 가물가물하답니다."

그때 거북 할아버지가 옆에 흘러온 비닐봉지를 먹으려고 입을 벌리며 다가갔어.

"안 돼요! 그건 인간들이 버린 비닐봉지예요."

"공주님께서 또 저를 구해 주셨군요. 움직이는 모습이 꼭 해파리 같지 뭐예요. 요즘에는 눈도 침침해서……."

나는 전에 만난 듀공이 떠올랐어. 인간의 위협이 듀공에서 끝난 게 아니라, 또 다른 형태로 여러 바다 동물들이 피해를 받고 있다고 생각하니 화가 났어. 정말 속상했지.

우리 바다 왕국은 누구에게나 안전하고 건강한 곳이어야 해. 인간에게든 동물에게든 말이야.

내가 속상하다고 말하자 거북 할아버지가 말씀하셨어.

"곧 나아지겠지요. 허허. 이렇게 바다를 사랑하시는 세아 공주님이 바다 왕국에 계시니까요. 머지않아 그렇게 될 겁니다."

"……."

여행을 하며 만난 친구들이 눈앞에 하나둘씩 떠오르기 시작했어. 모두 바다를 사랑하는 친구들이었지.

바다는 우리 모두의 삶의 터전이고, 고향이야. 어떤 친구들에게는 동경의 대상이기도 하고 말이야. 내 친구들 모두에게 행복한 바다는 정말 불가능한 걸까? 적어도 바다가 인간의 쓰레기장이 되게 내버려 두어서는 안 돼.

난 거북 할아버지를 있는 힘껏 안아드렸어. 할아버지는 늘 그랬던 것처럼 유유히 평화롭게 헤엄쳐 떠나셨어. 다음에는 바다의 아름다운 곳에서 만나기를 바라면서.

"러버덕, 왜 인간은 이 쓰레기들을 치우지 않는 거야?"

"꽥꽥! 내가 수만 개의 러버덕 친구들과 함께 바다에 빠진 뒤에도 인간은 우리를 구하러 오지 않았어. 꽥꽥! 이 먼 바다까지 와서 많은 쓰레기를 가져가기 어렵겠지. 꽥꽥! 또 나를 포함한 많은 플라스틱이 자연에서 분해되지 않기 때문에 처리할 방법도 별로 없고 비용도 많이 든대. 꽥꽥!"

"이제 우린 어떻게 해야 하지?"

나의 물음에 러버덕도, 통이도 아무런 대답이 없었어.

통이의 과학 뽐내기

해양 쓰레기

해양 쓰레기가 동물에게 남긴 피해

해양 쓰레기의 대부분은 플라스틱으로, 자연에서는 쉽게 분해되지 않아. 바다를 떠다니는 플라스틱은 해양 생물의 몸에 걸려 피해를 입히기도 하고, 해양 동물들이 먹이로 착각해 섭취하기도 해. 심하면 해양 생물을 죽음에 이르게도 하지.

어느 인어의 이야기

인어에게

저는 인간 세상에서 살아온 인어입니다.

인간 세상에 온 지도 벌써 50년이 넘었네요. 고향을 곁에 두고 살고 싶어 해변에서만 쭉 살았답니다. 바다는 하나뿐인 저의 고향이니까요.

어릴 적 제가 살던 해변은 모래와 작은 게, 불가사리가 사이좋게 지내던 곳이었어요. 그런데 언제부터인가 쓰레기들이 해변에 쌓이기 시작했습니다. 그리고 이걸 먹이로 알고 먹은 바다 친구들이 하나둘 다치기도 하고 목숨을 잃기도 하였어요. 그때부터 전 동네 해변을 다니며 혼자서 열심히 쓰레기를 치웠지요. 이제 제가 살 날은 점점 줄어들고 있는데, 쓰레기는 점점 늘어나고 있답니다.

인간은 육지 쓰레기에는 관심이 많더군요. 그러나 두 발이 닿지 않는 바다 쓰레기에는 영 관심이 없습니다. 그렇다면 이 일은 누가 해야 할까요? 바다에서 아름다운 꼬리로 헤엄치는 모든 바다 생물, 특히 우리 인어의 몫이 아닐까요? 해변에서 주운 유리 조각과 플라스틱 조각을 함께 보냅니다. 부디 이 편지가 바다 왕국 인어의 손에 닿기를 바랍니다.

우리의 바다를 지켜 주세요.

'우리의 바다'라는 말이 마음에 와닿았어. 이렇게 중요한 편지가 내 손에 들어오다니. 가슴이 뜨끈뜨끈해졌어.

"어깨가 무거워지네. 이걸 여태 몰랐다니."

"나도 그래, 세아야. 쓰레기 섬에 대해 모르는 바다 생물과 인어들이 많겠지? 우리도 쓰레기 섬을 오늘 처음 봤잖아. 우리가 뭘 할 수 있을까?"

"우선 아빠께 이 편지를 보내자. 이 편지와 플라스틱, 유리 조각이 바다의 네 번째 보물이야."

바다 왕국의 공주로서 아빠께 이 편지를 보내는 일부터 시작해야겠다고 마음 먹었어. 아빠라면 뭔가 해결책을 생각해 내실 테니까. 그리고 앞으로 아빠 곁에서 열심히 도와드리겠다고 다짐했어.

세아의 네 번째 보물 편지
인어의 편지

　아빠, 오늘은 여행을 떠나온 지 12일째 되는 날이에요. 지금 이곳은 화창하지만, 며칠 전에는 꽁꽁 얼어붙을 정도로 추운 바다에도 갔었어요. 29년째 해류를 따라 세계 여행 중인 러버덕을 만난 덕분이죠. 참기 힘든 노랫소리를 극복하고 우리는 좋은 친구가 되었어요.

　아빠는 바다 왕국에 쓰레기 섬이 있다는 걸 알고 계셨나요? 인간의 물건이 가득한 보물섬인 줄 알았는데, 사실은 버려진 플라스틱이 잔뜩 쌓인 곳이었어요.

　그곳에서 오랜만에 거북 할아버지도 만났어요. 빨대가 코에 박힌 채로 오랫동안 아파하고 계셨는데, 얼마나 속상하던지! 거북 할아버지 코에 박힌 빨대를 제가 빼드렸어요. 그제서야 할아버지는 자유롭게 다시 여행을 떠나실 수 있었죠.

　모든 생물은 아름다운 바다를 누릴 권리가 있어요. 건강하고 평화롭고 안전한 바다여야 하죠.

　또 우리 인어들에게 당부를 전하는 편지를 발견했어요. 아빠가 꼭 읽어 보셔야 하는 중요한 이야기가 담겨 있어요. 이게 바로 저희가 찾은 네 번째 보물이에요. 보물과 함께 해류 소식도 알려 드릴게요.

해류 소식 1

　수심 1킬로미터 깊이까지의 표층 해류는 주로 바람 때문에 발생해요. 우리가 바다에 몸을 맡긴 채 흘러다닐 수 있는 게 바로 표층 해류 덕분이래요.

해류 소식 2
해류는 지리적 위치에 따라 태양빛을 받는 면적이 달라진다고 해요. 태양빛을 받는 정도에 따라 해류의 온도도 달라지고요. 기본적으로 적도 부근에는 따뜻한 해류인 '난류', 극지방에는 차가운 해류인 '한류'가 흐른대요.

해류 소식 3
큰 바다에는 고리 모양의 거대한 환류가 있어요. 이 환류의 흐름을 타고 쓰레기가 모여들어 쓰레기 섬이 된 거래요. 바다 동물이 여기에서 쓰레기를 먹고 몸이 엉켜 기형이 되거나 질식하기도 한대요. 정말 가슴 아픈 소식이에요.

S. E. A.

퍼시 삼촌의 해초 주스

"혹시 세아? 나한테 연락도 없이 여기까지 오다니 무슨 일이니? 아빠는 같이 안 왔어?"

"어? 이 목소리는?"

바로 퍼시 삼촌이었어! 덩치가 매우 크고 우락부락하게 생기셨지만 실제는 한없이 자상하고 친절한 분이야. 원래 삼촌은 바다 왕국의 모든 요리를 담당하셨어. 삼촌의 손을 거치면 뭐든지 다 맛있어졌지.

퍼시 삼촌은 몇 년 전부터 바다 왕국을 떠나 태평양을 다스리고 계셔.

나는 삼촌이 직접 만든 해초 주스를 마시며, 종알종알 그동안의 이야기를 쭉 늘어놓았어.

"우리 세아가 그새 다 컸구나. 이렇게 용기 있고 모험심 강한 소녀가 되었을 줄이야. 여기에서 조금 쉬어가렴."

"삼촌, 퍼시표 해초 주스는 최고예요! 이 맛이라니까!"

삼촌은 물에 녹아 있는 여러 물질의 총량을 염분이라고 하는데, 그게 바로 바다를 바다답게 하는 거라고 하셨어.

"삼촌, 그러면 짜다는 게 염분이랑 관련 있는 거예요?"

"그래. 내가 왕궁에서 특별한 요리를 만들 때, 맛 좋은 바닷물을 구하러 멀리 나갔던 거 기억하니?"

"네. 그럼 염분이 혹시 소금?"

"바닷물에 녹아 있는 물질 중에 소금을 이루는 성분이 가장 많으니 그렇다고 볼 수 있지."

"인간은 바닷물로 소금을 만들어 음식에 넣어 먹으면서, 왜 바닷물을 그냥 마시지는 못하는 걸까요?"

"인간의 몸은 70 %가 물로 되어 있단다. 그리고 바닷물보다 훨씬 묽지."

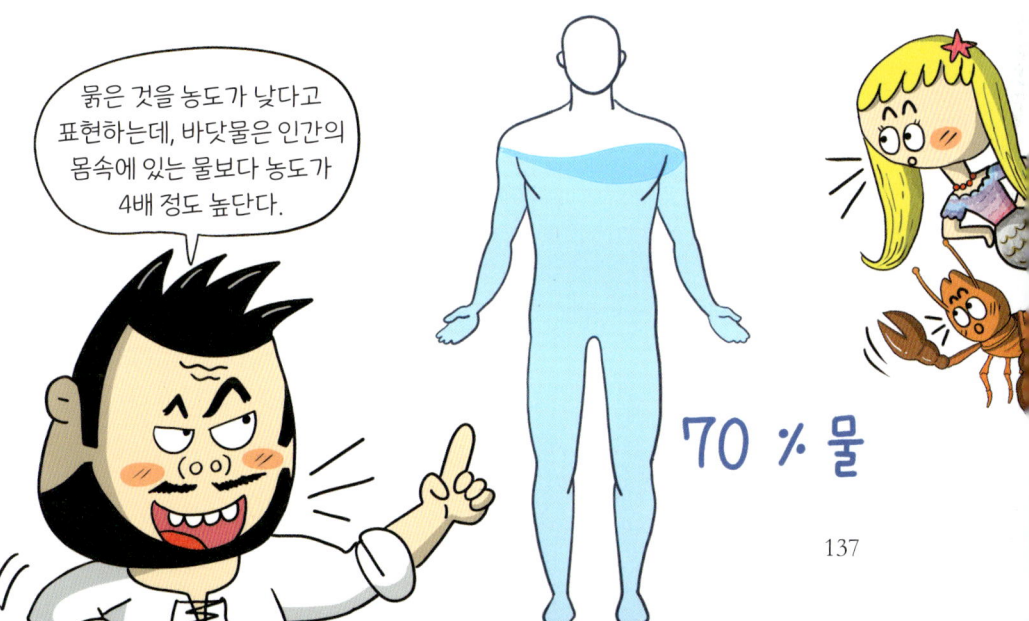

"삼촌, 농도가 낮은 게 인간이 바닷물을 마시지 못하는 것과 무슨 관련이 있나요?"

"허허. 만약 인간이 바닷물을 마셔서 소화 기관 안으로 농도가 높은 바닷물이 들어가면, 소화 기관 밖에 있던 농도가 낮은 물이 소화 기관 안으로 몰려들게 될 거야. 그러면 몸 안에 있던 수분이 땀과 오줌으로 다 빠져나가지. 그걸 탈수 현상이라고 해."

"탈수 현상이요? 그게 뭔데요?"

"탈수 현상은 인간의 몸 밖으로 물이 빠져나가는 것을 말한단다. 몸의 70 %가 물로 된 인간은 12 %의 물만 몸에서 빠져나가도 목숨을 잃을 수 있단다."

통이의 과학 뽐내기

삼투 현상

인간이 바닷물을 마시지 못하는 이유에 대해 잘 들었지? 여기서 중요한 원리가 바로 삼투 현상이야.

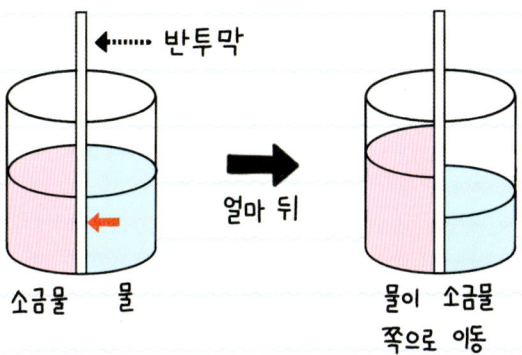

삼투 현상은 물질의 농도가 낮은 곳(물이 많은 곳)에서 물질의 농도가 높은 곳(물이 적은 곳)으로 물이 이동하는 특징을 말해.

이때 농도가 다른 두 용액 사이에 반투막을 두면, 물만 반투막을 통과하고 물질은 남게 돼.

인간은 이 원리를 이용해서 바닷물에서 순수한 물을 얻는 방법을 찾아냈어. 삼투 현상을 활용해서 바닷물을 자신들에게 필요한 물로 바꿀 수 있게 된 거지.

드넓은 바다로 Go, Go!

"너희 이야기를 들어 보니 여태 태평양만 돌아다닌 것 같구나. 내가 드넓은 바다 구경 좀 시켜 줘야겠는걸!"

"우리가 그동안 태평양에서만 있었다고요? 태평양이 그렇게나 넓어요?"

"태평양은 전체 바다의 절반이 넘는단다. 평균 깊이가 3,940미터나 될 정도로 깊기도 하고. 태평양을 여행했다면 바다의 절반 이상을 다닌 거야."

참! 내가 이야기를 했었나? 우리 아빠는 5대양 전체를 다스리는 왕이야. 그리고 다섯 개의 바다는 각각 다섯 명의 인어가 다스리지. 바로 퍼시 삼촌, 쿨리 삼촌, 아띠 고모, 인디 이모, 칠리 고모야.

특히 퍼시 삼촌의 태평양 사랑은 놀라울 정도야. 밤낮없이 태평양에서 일어난 일들을 처리하느라 바쁘셔. 쉬는 날에도 태평양에 사는 생물들을 찾아다니며 격려하시지.

"허허. 홍해는 평균적인 바다보다 훨씬 염분이 높단다. 그래서 아까 태평양에서 먹던 주스보다 많이 짠 거야."

삼촌은 전 세계 바다의 염분 지도를 보여 주셨어. 바다의 위치나 온도에 따라 염분의 농도가 다양하다고 했지.

바다가 육지와 가까워서 강물이 잘 흘러들어 오거나 비가 많이 내리는 곳, 빙산이나 해빙 등 얼음이 녹아서 유입되는 곳은 일반 물이 많아져 염분이 낮아진대. 그리고 햇볕이 쨍쨍 내리쬐어서 물이 잘 증발하는 곳은 염분이 높다고 했어.

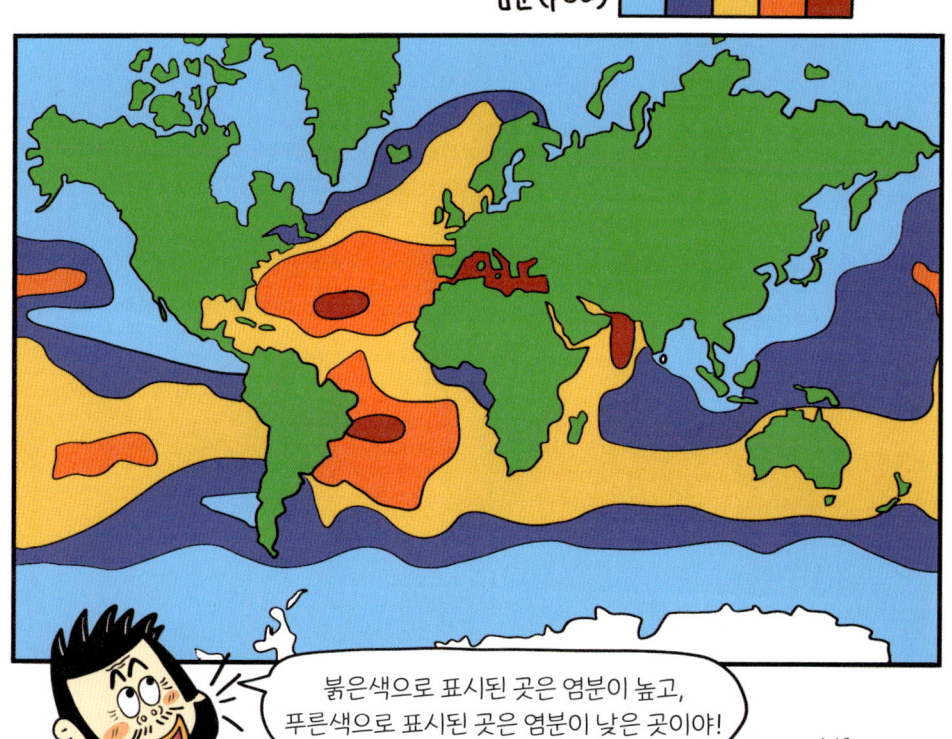

붉은색으로 표시된 곳은 염분이 높고, 푸른색으로 표시된 곳은 염분이 낮은 곳이야!

호호호호, 호호호호

퍼시 삼촌과 홍해가 있는 인도양까지 오고 보니, 대서양까지 가 보고 싶어졌어. 그래서 삼촌에게 데려다 달라고 부탁했지. 대서양을 다스리는 아띠 고모는 웃음이 많은 분이야. 어느 정도로 잘 웃으시길래 그러냐고?

"호호호호. 세아야! 호호호호. 퉁아!"

봤지? 말 한마디 하실 때마다 한 번씩 웃으셔. 정이 넘치고 흥이 많으신 분이야. 아빠 말씀에 따르면, 내가 고모를 많이 닮은 것 같대. 난 잘 모르겠지만, 하하!

"어머, 얘는! 바다 왕국에 비밀이 어딨니?"

그리고 보니 아띠 고모가 보통 때와는 좀 달랐어. 평소보다 더 자주 웃으시는 모습도 어색하고.

"오느라 힘들진 않았니? 호호호호. 여기까지 왔으니 대서양을 소개해 줄게. 내가 사는 대서양은 아메리카 대륙과 유럽-아프리카 대륙 사이에 있단다. 호호호호. 길쭉하다는 특징 덕분에 남북으로 다양한 기후대가 있어. 호호호호."

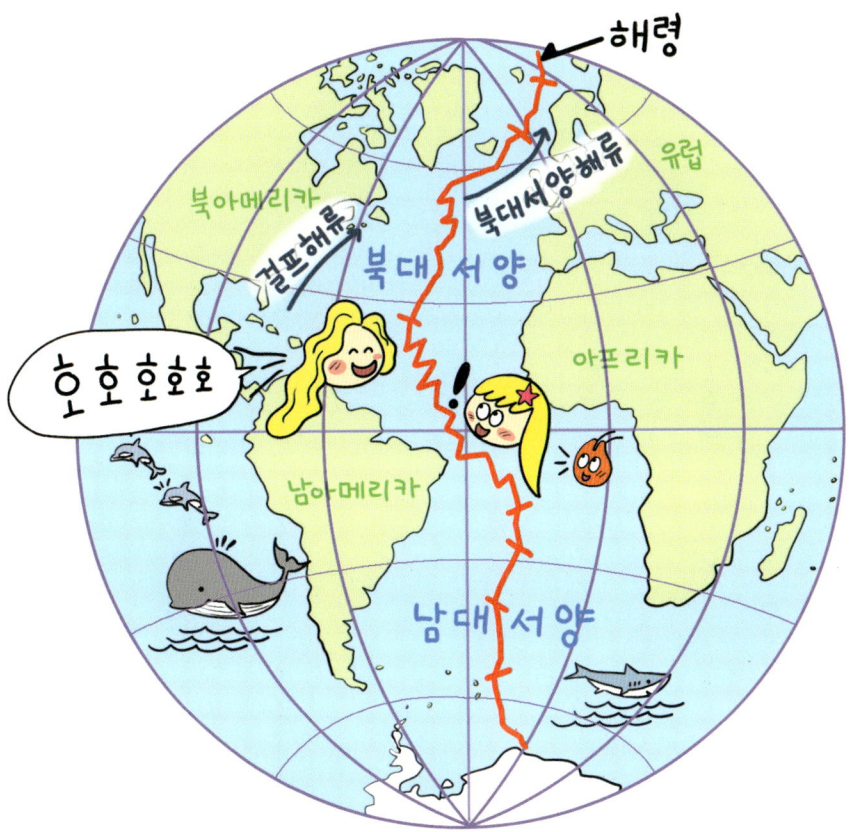

"제 친구 러버덕한테 들었어요. 대서양에는 따뜻한 해류 덕분에 같은 위도의 다른 지역보다 온난한 기후에 속하는 바다가 있다고요."

"호호호호. 그렇다면 대서양에 세아에게 딱 맞는 여행지가 있겠구나."

아띠 고모는 우리를 북대서양으로 데려갔어. 걸프 해류와 북대서양 해류가 이어져 북극까지 흐르는 곳이지. 이 해류의 영향으로 영국이 같은 위도의 다른 지역보다 상대적으로 겨울철 기온이 높다고 해. 그러고 보니 여기가 러버덕이 머물렀던 바로 그곳이네!

대서양은 인간 세상과 가깝게 연결되어 있었어. 과거부터 대서양을 통해 인간이 서로 교류를 했고, 또 대서양의 해류가 여러 나라의 기후에도 영향을 미쳐 인간의 삶의 방식과 문화에도 중요한 역할을 했다고 해.

"아띠 고모님, 대서양에 해령이 있다던데요?"

"통이가 그동안 바다 여행을 제대로 했구나. 호호호호."

아띠 고모는 육지에 산맥이 있듯이 바다에도 산맥이 있는데, 바다의 산맥을 해령이라고 부른다고 했어. 길쭉한 대서양 가운데 아프리카 남쪽에서부터 북극해 부근까지 해령이 1만 킬로미터 넘게 쭉 뻗어 있었지.

마지막 보물은?

아띠 고모는 우리를 오스트레일리아 근처 바다에 데려다 주고는 서둘러 떠나셨어. 평소 아띠 고모는 느긋하신데, 작별 인사를 할 겨를도 없이 바쁘게 가셨지.

"세아야, 드디어 우리의 첫 여행지로 돌아왔네!"

"그러게 말이야. 듀공과 레일리는 잘 지내고 있겠지?"

"그러겠지. 그런데 우리 내일이면 바다 왕국으로 돌아가야 하는데. 마지막 보물을 아직 찾지 못했어."

나는 고민하는 통이를 다독이며 말했어.

"걱정하지 마. 대신 시간을 좀 줘. 밤을 새워 헤엄치더라도 내일 아침까지는 바다 왕궁에 도착할 테니 염려 말고."

뭔가 방법이 있냐고? 아니! 지금부터 생각해 봐야지.

태평양에서 가장 인상 깊었던 건 뭐니 뭐니 해도 퍼시 삼촌의 해초 주스였어. 내 소중한 인간 친구들도 해초 주스를 마실 수 있다면 좋을 텐데……

"통아! 다섯 번째 보물을 찾았어."

"갑자기? 어디, 어디? 보물이 어디 있다는 거야?"

"다섯 번째 보물이 퍼뜩 떠올랐지 뭐야. 소금야말로 바다만의 고유한 특징이잖아. 인간 세상에도 꼭 필요하고. 이것만큼 값진 보물은 없을 거야!"

"역시, 세아 네가 해냈구나!"

나는 넓적한 해초를 따서 그 위에 바닷물을 살짝 담았어. 그리고 햇빛에 잘 마르라고 바위 위에 두었지. 마를 동안 아빠께 보내는 편지를 미리 써 두어야겠어.

세아의 마지막 보물 편지
소금

～～～～～～

아빠, 엊그제는 우연히 퍼시 삼촌을 만났지 뭐예요. 오랜만에 삼촌표 해초 주스도 맛보았어요. 삼촌의 요리 솜씨는 여전하시더라고요. 아, 생각하니 또 먹고 싶네요.

벌써 여행을 한 지 2주 가까이 되어 가요. 저는 제가 드넓은 바다를 거의 다 다닌 줄 알았는데, 퍼시 삼촌이 다스리는 태평양에만 있었다는 사실을 알게 되었어요. 바다가 크다는 건 알았는데, 이 정도일 줄은!

삼촌이 도와주셔서 먼 인도양과 대서양까지 다녀올 수 있었죠. 대서양에서는 아띠 고모도 만났어요.

마지막 바다 보물은 바로 제가 직접 만든 소금이에요. 소금이야말로 바다를 바다답게 하는 거여서 마지막 보물로 정했어요. 이건 제가 직접 가지고 갈게요. 기대하세요!

바닷물 소식 1

물에 녹아 있는 여러 물질의 총량을 염분이라고 한대요. 바닷물은 땅 위에 있는 일반 물보다 무려 220배나 많은 염분을 가지고 있대요. 가장 많은 것은 바로 소금 성분이고요.

바닷물 소식 2

인간은 바닷물을 직접 마시지 못한대요. 퍼시 삼촌의 해초 주스를 마실 수 없다니! 안타까워요. 인간이 바닷물을 마시면 건강에 여러 가지 문제가 생길 수 있대요. 대신 바닷물을 일반 물로 바꾸는 과학기술로 바닷물을 이용하고 있다고 해요.

요 며칠은 한꺼번에 바다 여러 곳을 여행하느라 정신이 좀 없었어요. 5대양 중에 무려 세 곳을 다녀왔으니까요. 그래도 아빠와 약속한 제 생일에 맞춰 2주간의 여행을 무사히 마치고 곧 돌아가요.

곧 아빠를 만날 수 있겠네요. 왕궁에서 만나요.
아빠! 보고 싶어요! 사랑해요.

드디어 열쇠를 내 손에!

"아빠, 이게 저희의 다섯 번째 보물이에요. 바닷물을 말려서 만든 그 소금이요."

나는 조심스럽게 아빠께 소금을 건네 드렸어.

"허허. 약속했던 다섯 가지 보물을 모두 찾았구나. 정말 자랑스럽구나. 오늘은 너의 열한 번째 생일이니, 약속한 대로 인간 세상으로 가는 문의 열쇠를 주마."

아빠는 내 손에 열쇠를 살포시 놓아 주셨어. 열쇠는 내가 가져온 그 어떤 바다 보물보다 영롱하게 반짝였어. 통이는 집게발을 딸깍거리면서 기뻐했어. 내가 얼마나 이 열쇠를 가지고 싶어 했는지 누구보다 잘 알고 있으니까. 그런데 나는 막상 열쇠를 받고 보니 기쁘지 않았어. 내가 그토록 꿈꾸고 바라던 일인데 말이야. 왜 그럴까?

S. E. A.

"세아는 그다지 기뻐 보이지 않는구나. 무슨 일이니?"

"아빠, 제가 이번 여행을 하면서 느낀 게 많아요."

"그래. 그동안 네 편지들을 읽으면서 네가 몰랐던 바다 세상을 많이 알아가고 있다는 인상을 받았단다."

"네. 바다는 바다 생물에게 삶의 터전이고, 고향이고, 가족이라는 것을 깨달았어요. 제 인간 친구들도 매우 아끼고 사랑하는 곳이고요. 지구에 사는 모든 생물에게 바다는 그런 곳이에요."

"오… 세아야. 너 정말 바다를 사랑하게 되었구나."

"그런데 우리 모두의 터전이 지금 위협을 받고 있어요. 제 친구 듀공은 살 곳을 잃어가고 있고, 바다 이곳저곳에 처리하기 어려운 쓰레기 섬들이 생기고 있고요. 쓰레기로 피해를 입는 바다 생물도 점점 많아지고 있어요. 바다를 이렇게 두어서는 안 돼요, 아빠."

"나도 그렇게 생각한단다. 네가 찾은 다섯 가지 보물을 보면서 아빠는 바다가 얼마나 아름다운 곳인지 다시 한번 느꼈단다. 그리고 이 바다를 끝까지 잘 지켜야겠다는 책임감도 더 느꼈지."

"그 일을 함께해요, 아빠. 제가 아빠를 돕겠어요."

아빠는 나의 손을 꼭 잡으셨어. 아빠도, 나도, 통이도. 한동안 서로를 조용히 바라보았어.

"네 이름을 부를 때마다 바라던 일이 이루어졌구나."

"제 이름이요?"

"그래. 네 이름이 '바다'를 뜻한단다. 네가 바다에서, 바다를 위해, 바다와 함께 살아가기를 바라며 지었지."

S. E. A. 세아.
내 이름이 바다였다니……!

"전하, 걱정 마십시오. 저와 또 이번 여행에서 만난 친구들이 세아 공주와 뜻을 함께할 겁니다."

"레일리와 해미 말이냐? 모두 바다를 많이 사랑하더구나! 나도 그 친구들이 맘에 아주 쏙 든단다."

"어? 아빠가 직접 본 것처럼 말씀하시네요?"

알고 보니 아빠는 줄곧 우리를 지켜보셨다고 했어. 아띠 고모가 말한 대로 말이야. 뭔가 수상하다 했다니까! 하하.

과거 여행에서 상어의 입속을 통해 현재로 돌아온 것도, 퍼시 삼촌을 넓고 넓은 태평양에서 우연히 만난 것도, 우리가 깜빡 조는 동안 소금이 만들어진 것도, 우리가 왕궁으로 안전하게 돌아오게 된 것도 다 아빠 덕분이었어.

가장 놀라운 게 뭔지 알아? 바로 잔소리쟁이 돌고래가 아빠가 보낸 왕궁 보디가드였다는 거야. 통이가 본 꼬리 마크가 진짜였던 거지.

"세아 공주님! 그리고 통이. 바다 여행을 무사히 마치신 것을 축하드립니다."

통이는 자신의 꿈인 왕궁 보디가드 돌고래를 다시 만나서 영광인 것 같았어.

"네가 떠난 후에 내가 얼마나 용감하게 다녔는지 알면 엄청 놀랄걸?"

사실은 돌고래가 반가워서 안아 주고 싶었는데, 또 말이 퉁명스럽게 나오지 뭐야! 앞으로는 자주 볼 테니, 퉁이를 통해 슬쩍 선물이라도 전해 줘야겠다고 생각했어.

 아빠한테는 서운한 마음도 들어. 내 힘으로 다했다고 생각했는데 말이야. 그렇게 우리가 걱정되었으면 애초에 벌을 내리지 않으셨다면 더 좋았을 텐데. 안 그래? 하하.

"세아야, 네가 그동안 보내 준 편지가 참 흥미롭던데. 너의 바다 여행을 글로 잘 정리해 보면 어떻겠니? 지금 네가 가진 생각을 인간에게도 전한다면 좋을 것 같구나."

그렇게 해서 나는 나의 열한 살 바다 여행을 정리하는 글을 쓰게 되었어. 어때?

군데군데 세로로 인간 친구들을 만나러 떠나 정령들 가래. 내가 풍물놀이 마당 공연에 쓰일 물건들 몇 가지 만들 동안 해 줘. 너네들도 나가 밤새 생각 조금이 없어졌고 있음 수 있해!

베드윈톨×인아동숲

1판 1쇄 펴냄 | 2021년 10월 25일
1판 6쇄 펴냄 | 2022년 5월 20일

글 | 코믹터치컨텐츠연구회 정영훈
그림 | 정영훈
발행인 | 김영곤
편집 | 박수진·김영화
마케팅 | 강성추·차정석
디자인 | 최호아
발행처 | 상상아카데미

등록 | 2010. 3. 11. 제313-2010-77호
주소 | 서울시 마포구 독막로6길 11, 우대빌딩 2, 3층
전화 | 02-6953-8343(편집), 02-6925-4188(영업)
팩스 | 02-6925-4182
전자우편 | main@sangsangaca.com
홈페이지 | http://sangsangaca.com

ISBN 979-11-85402-41-3 74400
979-11-85402-40-6 74400 (세트)

잘못 만들어진 책은 구입하신 서점에서 교환해 드립니다.
※ 이 책에 사용된 사진의 저작권은 셔터스톡에 있습니다.